U0691418

企业风险管理研究

王　伟◎著

中国原子能出版社

图书在版编目（CIP）数据

企业风险管理研究 / 王伟著 ． -- 北京 ： 中国原子
能出版社， 2022.9

  ISBN 978-7-5221-2156-7

  Ⅰ． ①企… Ⅱ． ①王… Ⅲ． ①企业管理－风险管理－
研究 Ⅳ． ① F272.35

中国版本图书馆 CIP 数据核字（2022）第 182726 号

企业风险管理研究

出版发行	中国原子能出版社（北京市海淀区阜成路 43 号　100048）
责任编辑	杨晓宇　王　蕾
责任印制	赵　明
印　　刷	北京天恒嘉业印刷有限公司
经　　销	全国新华书店
开　　本	787 mm×1092 mm　　　1/16
印　　张	12.5
字　　数	225 千字
版　　次	2022 年 9 月第 1 版　　　2022 年 9 月第 1 次印刷
书　　号	ISBN 978-7-5221-2156-7　　　定　价 72.00 元

版权所有　侵权必究

前　言

在全球经济发展、科技进步和技术创新的进程中，风险无时无刻不在影响着人们的生活和工作。人们常说的"尺有所短，寸有所长""塞翁失马，焉知非福""物极必反，否极泰来""未雨绸缪，居安思危""三十年河东，三十年河西"等正是风险在经济、政治及社会生活中的反映。风险管理研究从 20 世纪诞生以来在人类的政治、经济和社会生活中发挥着越来越重要的作用。风险管理作为"管理中的哲学理念和科学方法的有机体"已成为政府、企业、家庭和个人防范、减少风险事故发生，降低风险的有效管理方式。有效的风险管理不仅可以减少损失，使风险管理的成本降低，而且可以增加社会的经济效益，风险管理是单位优化资源配置的重要手段之一。2006 年 6 月，国务院国有资产监督管理委员会给中央企业印发了《中央企业全面风险管理指引》，这标志着企业风险管理在我国经济发展中的作用越来越凸显。企业风险管理作为一门实践应用性学科，既涉及现代企业风险管理理念，又涉及企业风险管理的方法与技术，是一门综合性很强的学科。

本书共分五章，第一章为风险管理概述，主要从风险的概念与构成要素、风险管理的起源与发展、风险管理相关理论和风险管理方法与技术四个方面进行论述；第二章为企业风险管理概述，主要从以下几方面来具体论述，分别为企业风险的类型与特点、企业风险管理的目标与必要性和企业风险管理的组织与文化；第三章为企业风险管理流程，主要从企业风险识别与风险分析、企业风险衡量与评估和企业风险管理决策三部分内容进行具体论述；第四章主要讲述的是企业风险管理实务，包括以下几方面内容，分别为企业生产风险管理、企业信用风险管理、企业财务风险管理和企业市场风险管理；第五章主要讲述的是企业风险的内部控制与评价，主要从企业风险管理内部控制和企业风险管理评价两方面进行具体讲述。

　　在撰写本书的过程中，作者得到了许多专家学者的帮助和指导，参考了大量的学术文献，在此表示真诚的感谢！本书力求做到内容系统全面，论述条理清晰、深入浅出。但由于企业风险管理内容及其体系、结构的复杂性，书稿编撰具有一定的挑战性，再加上编者的专业水平有限，本书难免会有错误和疏漏之处，恳请业内专家和广大读者批评指正。

作者
2022 年 7 月

目　录

第一章　风险管理概述

本章讲述了风险管理概述，主要从以下几方面来进行具体论述，分别为风险的概念与构成要素、风险管理的起源与发展、风险管理相关理论和风险管理方法与技术。

第一节　风险的概念与构成要素

风险是一个非常常用且意义宽泛的词汇。对于风险的定义，无论是企业界还是理论界、国内还是国外，目前还没有达成一致的认识，并没有一个统一的界定，它是一个"没有共识的共识"。

一、风险的概念

尽管各界普遍认为风险没有统一的定义，但任何管理都必须首先明确管理的对象，风险管理也是如此，加之风险是金融甚至所有经济活动的基本要素，对风险概念的明确成为风险理论探讨的首要问题。国内外与风险相关的教科书，如金融学、投资学、银行管理、保险、审计等，大多在承认风险缺乏统一定义之后提出各自的风险定义版本。综合分析这些定义版本，目前国内外金融理论界对风险的解释或界定主要有以下一些观点。

（一）风险是损失发生的可能性

可能性指客观事物存在或者发生的机会，这种机会可以用概率来衡量。当概率为 0 时，表明风险不存在；当概率为 1 时，表明风险是一种确定的事件；损失发生的可能性意味着损失事件发生的概率在 0~1 之间。企业运营中损失发生可能性的定性、定量评估标准及其相互对应关系，如表 1-1-1 所示。

表 1-1-1　损失发生的可能性说明

定量方法 1	评分	1	2	3	4	5
定量方法 2	一定时期发生的概率	10% 以下	10%~30%	30%~70%	70%~90%	90% 以上
定性方法	文字描述 1	极低	低	中等	高	极高
	文字描述 2	一般情况下不会发生	极少情况下才会发生	某些情况下发生	较多情况下发生	常常会发生
	文字描述 3	今后 10 年内发生的可能性小于 1 次	今后 5~10 年内可能发生 1 次	今后 2~5 年内可能发生 1 次	今后 1 年内可能发生 1 次	今后 1 年内至少发生 1 次

（二）风险是损失的不确定性

这种不确定性可以分为客观不确定性和主观不确定性。前者是指实际结果与预期结果的偏离，这种偏离可以用数字、统计学工具加以度量；后者是个人对风险的评估，主观不确定性同个人的知识、经验、心理状态等有关，面临相同的风险时，不同的人会有不同的评价。

（三）风险是实际结果与预期结果的偏差

实际结果与预期结果的偏差即为风险，这种偏差可以用统计学中的标准差进行衡量。例如，用 10 万元人民币进行一年的证券投资，预期收益率为 6.5%，而实际收益率仅为 5%。

长期以来，统计学家把风险定义为实际结果与预期结果的离差度。有的保险学者把风险定义为一个事件的实际结果偏离预期结果的客观概率。在这个定义中，风险不是损失概率。这个定义实际上是实际与预期结果的离差的变换形式。

（四）风险是实际结果偏离预期结果的概率

例如，生命表中不同年龄段的预期死亡率与实际死亡率的差别，这种实际结果偏离预期结果的客观概率就是风险，这一概率可以用数学、统计学计算得出。

在竞争激烈的市场中，企业的经营活动伴随着各种各样的风险。它们可能使企业遭受损失，也可能使企业盈利。也就是说，风险使企业经营目标的实现存在着不确定性，而且从某种意义上来说企业的生存和发展就是克服各种风险的过程。

在这里，我们把风险定义为：未来的不确定性对企业实现其既定目标的影响。对于这个定义可以从以下几个方面来理解。

（1）未来的不确定性。现在无风险，过去无风险，只有将来有风险。人们看到的财务报表，反映的都是过去发生的经济行为。现在普遍用于投资决策的基础评估方法之一——现金流量预测，通过将未来一定时间内的净现金流入按一定的贴现系数计算以做出投资决策判断，这不仅是一个时间价值的概念，而且是风险的贴现。

（2）影响。这里所说的影响不仅包括损失，而且包括收益。风险越高，收益可能越大。所以，回避风险，同样意味着回避收益。

（3）风险是相对于要实现的目标而言的。目标越高，风险越大。

（五）风险是潜在损失的变化范围与幅度

潜在损失或收益是指可能发生但尚未发生甚至永远也不会发生的损失或收益。这是一种非故意的、非计划性的、非预期性的经济价值的减少。潜在损失或收益与现实损失或收益的可能性不同，前者侧重于损失的非预期性，后者则强调损失的存在性。潜在损失的变化范围和幅度强调的是在对大量的风险进行分析的基础上，定量计算和定性判断出某种损失或收益的大致幅度和范围，这对风险的处置非常重要。如保险人员可以通过集中大量风险标的，从而判断单个标的面临的潜在损失的变化幅度，通过转移、担当的手段以减小、分散和消除风险。

综合上面几种观点，风险是指在一定条件下和一定时期内事件可能产生的各种结果的不确定性，而这种不确定性是可以运用数学、统计学等学科的相关方法估计出来的。

从企业的角度来说，企业风险是企业在生产经营过程中，由于各种事先无法预料的不确定性因素带来的影响，使得企业的实际收益与预期收益发生一定的偏差，从而有蒙受损失或获得额外机会的可能性。

二、风险的构成要素

风险是由多种要素构成的，这些要素决定了风险的产生和发展。一般来说，风险由风险因素、风险事故和风险损失构成，且风险因素、风险事故和风险损失之间存在着一定的内在联系。

（一）风险因素

风险因素也称风险条件，是指促使某一特定风险事故发生或增加其发生的可能性或扩大其损失程度的原因或条件。风险因素是风险事故发生的潜在原因，是造成损失的间接原因。例如，对于建筑物而言，风险因素是指所用的建筑材料的质量、建筑结构的稳定性等；对于人类而言，风险因素包括健康状况、年龄等。

1. 物质风险因素

物质风险因素是指有形的能直接影响事物物理功能，特别是指某一标的本身所具有的足以引起风险事故发生或增加损失机会或加重损失程度的因素。人类对于这类风险因素，有些可以在一定程度上加以控制，有些在一定时期内还是无能为力。在保险实务中，由物质风险因素引起的损失风险，大都属于保险责任范围。如地震、恶劣的气候对于房屋的倒塌，疾病传染对于人群的成批死亡，汽车刹车系统失灵对于交通事故，易燃建筑材料对于建筑物火灾等，都属于物质风险因素。

2. 道德风险因素

道德风险因素是指与人的品德修养有关的无形因素，即由于人们不诚实、不正直或有不轨企图，故意促使风险事故发生，以致引起财产损失和人身伤亡，如偷工减料引起的产品事故，隐瞒产品质量引起的食品安全事件。在保险业务中，保险人对因投保人或被保险人的道德风险因素所引起的经济损失，不承担赔偿或给付责任。

3. 心理风险因素

心理风险因素是与人的心理状态有关的无形因素，即由于人们疏忽或过失以及主观上不注意、不关心、心存侥幸，以致增加风险事故发生的机会和加大损失的严重性的因素。例如，企业或个人投保财产保险后产生了放松对财务安全管理的思想，如产生物品乱堆放，吸烟后随意抛弃烟蒂等行为；企业或个人投保了财产保险后放松对保险财产的保护措施；投保人身保险后忽视自己的身体健康等都属于心理风险因素。

道德风险因素和心理风险因素都与人密切相关。前者强调的是故意或恶意，而后者则强调无意或疏忽，但实际操作中二者往往不易区分。因此，如何防范道德风险因素和心理风险因素是风险管理的一个重要课题。基于这种考虑，有人主张把道德风险因素与心理风险因素合称为人为风险因素。所以，风险因素也可分为两种，即物质风险因素和人为风险因素。

（二）风险事故

风险事故又称风险事件，是指风险的可能成为现实，以致造成人身伤亡或财产损害的偶发事件，它是造成损失的直接原因和外部原因。例如，火灾、地震、洪水、龙卷风、雷电、爆炸、盗窃、抢劫、疾病、死亡等都是风险事故。风险事故发生的根源主要有以下三种。

（1）自然现象。如地震、台风、洪水等。

（2）社会政治、经济的变动。如战争、革命、暴乱等社会政治事件，通货膨胀、紧缩、金融危机等经济事件。

（3）意外事故。即由于人的疏忽过失行为导致的损害事件。如汽车相撞、轮船倾覆、失足跌落等。

（三）风险损失

1. 损失的定义和内涵

损失作为风险管理和保险经营的一个重要概念，是指非故意的（Unintentional）、非计划的（Unplanned）和非预期的（Unexpected）经济价值（Economic value）的减少。损失包含两个重要的要素：一是"非故意的""非计划的"和"非预期的"；二是"经济价值的减少"。两者缺一不可，否则就构不成损失。

2. 损失管理

损失管理是指有意识地采取行动防止或减少灾害事故的发生以及所造成的经济及社会损失。它的目标分为两种：一是损失发生之前，全面地消除损失发生的根源，尽量减少损失发生频率；二是在损失发生之后努力减轻损失的程度。

3. 风险损失

风险损失是指由于一个或多个意外事件的发生，在某一特定企业内外产生的多种损失的综合。产生于企业内部的损失，称为企业风险损失；其余称为企业外部风险损失。这实际上是强调风险损失构成的复杂性及与非企业风险损失的区别。企业在正常生产经营条件下，也会产生这样或那样的损失，诸如正常的停工损失、废品损失等，这些不是本书侧重研究的内容。所谓风险损失是特指出乎意料的有关损失。风险损失种类繁多，但通常分为两种形态，即直接损失和间接损失，前者指风险事故直接造成的有形损失，即实质损失（Physical loss）；后者是由直接损失进一步引发或带来的无形损失，包括额外费用损失（Extra expense loss）、收入损失（Income loss）和责任损失（Liability loss）。

（1）实质损失

实质损失是较新的提法，它是指风险事故直接造成的有形物质的损失，又称直接损失。例如，工伤事故导致工人的器官损伤，这是个人的实质损失，自然灾害导致财产、人身的损失等也属于实质损失。

（2）额外费用损失

额外费用损失是指由风险事故而引起的施救费用、救助费用、医疗费用、清理场地费用等。例如，购买保险的汽车发生事故后车辆的维修所花费的经费。救助费用是指保险船舶因自然灾害或者意外事故处于危险之中，需要借助他人使用船舶提供的帮助而发生的费用。这种由风险事故而引起的风险管理单位支付的费用就是费用损失。

（3）收入损失

收入损失是指由风险事故引起的当事人收入的减少。例如，工地员工罢工导致建筑公司暂停工程而造成的收入的减少；企业经营中断会导致风险当事人营业收入的减少，引起经营收入的损失。

（4）责任损失

责任损失是指根据合同或者有法律责任的条款规定，由于行为人的行为而致使他人的财产或者人身受到伤害，从而要承担经济赔偿责任的风险。或者说，他人遭受的损失需要由你来承担责任，对于你来讲，它就是责任风险。比如车辆撞人，车辆所有人应当承担赔偿责任，这就是责任损失；学校管理不善，导致学生在学校受到伤害，学校应当承担的赔偿责任，这也是责任损失；医生操作失误，导致患者遭受损害，这同样也是责任损失。

（四）风险因素、风险事故和风险损失之间的关系

风险是由风险因素、风险事故和风险损失三者构成的统一体，三者存在的因果关系，如图 1-1-1 所示。

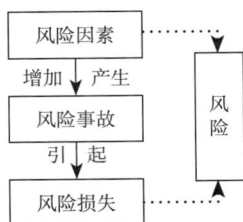

图 1-1-1　风险因素、风险事故和风险损失的关系

风险因素是指引起或增加风险事故发生的机会或扩大损失幅度的条件，是风险事故发生的潜在原因；风险事故是造成生命财产损失的偶发事件，是造成损失的直接的或外在的原因，是损失的媒介。高速公路上积水，导致小汽车撞车，导致小汽车被撞毁。其中风险因素是高速公路上积水，风险事故是撞车，损失是小汽车被撞毁。

值得注意的是，同一事件，在一定条件下是造成损失的直接原因，则它是风险事故；而在其他条件下，则可能是造成损失的间接原因，于是它成为风险因素。例如，下冰雹使得路滑，引起车祸，造成人员伤亡，这时冰雹是风险因素，车祸是风险事故。但若冰雹直接击伤行人，则冰雹便是风险事故。

第二节　风险管理的起源与发展

长期以来，主流的企业管理研究的是如何使企业成功。企业家也习惯于从正面来寻求企业发展的路径与诀窍。例如，管理学研究如何进行有效的管理，如何

进行沟通和授权；战略管理探讨如何描绘企业的战略愿景，制定企业的战略目标、战略重点和战略措施；财务管理研究企业如何正确理财，如何使财富增值；人力资源管理研究人力资源的招聘、使用、培训，探讨如何激发员工的潜能等。可见，以往的管理学科及其各个分支学科，都从正面来探寻企业的成功之道。而随着市场竞争和环境不确定性的加剧，企业面临的风险与日俱增，由此导致企业发生损失及经营失败的案例日益增多。由此人们开始研究另一个侧面：企业如何才能避免、防范、控制和应对失败，这构成了风险管理源于实践并应用于实践的一个非常重要的现实动因。随着互联网时代、智能化时代以及跨界经营时代的到来，风险管理在企业管理中的地位和作用日趋重要，风险管理应成为企业家的必修课。

一、风险管理发展溯源

（一）发端于保险学

当很多行业还没有把风险当作一回事，也没有风险管理意识时，保险公司由于其长期与风险打交道的缘故而开始注意风险管理。风险管理作为一个学科，其发端于保险领域，抑或派生于保险学。因为保险公司的业务对象就是风险，对业务对象进行管理也就十分必然。保险的实质是，当单个个体无力承担某个特定风险，或管理特定风险不专业、不经济时，便可将该风险以一定成本转移给保险公司。保险公司接受从单个个体转移过来的风险，汇聚成一个风险组合或风险包并进行专门的风险管理，这是相对划算的，因为保险公司可通过大样本风险标的的聚合而获得风险分散效应；同时，由保险公司对大量的风险进行专业化管理会因为具有规模经济而更为划算。保险公司在决定是否接受某个特定风险的转移时会进行风险评估，风险评估的结果可以作为保险定价的依据。保险公司还试图通过公司内部风险管理的制度安排及对保险对象和投保人行为进行监控以控制风险，并降低其风险损失。这样，保险公司便有了进行专门化风险管理的原始动因。

大多数学者认为，风险管理的定义，最早来源于 1901 年由美国学者威雷特提出的"风险是关于不愿发生的事件发生的不确定性的客观体现"。[①] 按照其理

---

① 王天林. 济南软件企业风险投资决策评价研究 [D]. 西安：西安理工大学，2005.

解，首先，风险是不愿意发生的负面事件；其次，风险是一种不确定性，并具有客观性。这是最早的关于风险与不确定性的同一论，也是最早把不确定性归结为客观方面的定义。美国学者奈特在 1921 年出版了《风险、不确定性及利润》一书，严格来说这是一本经济学而非管理学著作。与威雷特不同，奈特认为风险与不确定性是两个不同的概念，并把可以测算各种可能性的概率的事件叫作风险事件，而把不能测算概率的事件称为不确定性事件，这是某种意义上的风险与不确定性的差异论（即把风险与不确定性看作两个不同的概念），这种不确定性甚至被称为奈特不确定性。运筹学意义下的决策论部分吸收了奈特的观点，把未来状态的概率不可知的一类决策称为不确定性决策。后来，人们分别把波动性、变动性、损失可能性等作为风险的一种解释。所以，到目前为止，关于风险和不确定性的概念尚无统一认识。

在风险分类方面，美国保险学者马伯莱将风险分为纯粹风险和投机风险两种，并认为纯粹风险是只有损失机会而无获利机会的风险，投机风险则是既有损失机会又有获利机会的风险。马伯莱的这一理解看似是字面上的，实际上是具有大大拓展了的内涵，因为保险学意义上的古典风险概念主要指向纯粹风险，有些类似于可保险的风险，而马伯莱的概念则拓展至投机风险，而后者是企业经营管理实践中最普遍的风险。美国风险学家维兰托将风险分为静态风险和动态风险。他认为，静态风险是由于自然力量的非常变动或人类行为的错误导致损失的风险。动态风险是由于社会的某一变动，如经济、社会、技术、环境、政治、市场上的变动而导致损失的风险。由此可见，静态风险具有自然性和微观性，动态风险具有社会性和宏观性。另外，在金融投资领域，风险还被分为系统风险（影响所有或大部分个体）和非系统风险（只影响少数或单个个体）。也有人把风险分为自然风险和社会风险：自然风险是指自然力导致的风险，社会风险是指社会因素导致的风险。

（二）奠基于风险分析

在项目管理中，往往需要在效益与风险之间权衡，因此需要进行项目风险分析。而风险分析也是企业风险管理中的一项重要工作，因此，虽然风险管理脱胎

于保险学或保险学意义下狭义的风险管理，但企业风险管理中的技术部分或工具部分则以风险分析技术为基础。风险分析包括风险识别和风险评价：前者的任务是寻找风险因素并归类，而后者则是评价风险的大小。在风险评价方面，最早人们考虑的是两个维度：风险发生的可能性（概率）；风险一旦发生以后的后果（也称影响、损失、损害）。项目管理中的风险评价方法是一种概率方法，即把一个项目的实际投资收益率小于基准投资收益率的概率当作风险。后来，风险管理不断吸收其他专门领域的风险分析方法，实践中用得较多的有：核对表法、SWOT分析、层次分析法、FMEA分析、专家调查法、蒙特卡罗方法、效用理论、期望货币值法、期望净现值法、决策矩阵法、贝叶斯决策、模糊决策法、事故树分析、敏感性分析、多目标决策方法等。这些方法分别应用了数理统计、概率论、模拟仿真、效用理论等多方面的知识，这些方法种类繁多，有的方法应用起来存在技术上的困难。

核对表法，又叫检核表法，最初用于工程项目的风险评价，其思路是：列举某个工程项目的所有风险因素，对其进行归类，评价其出现的概率（或可能性）及后果（或损害）；然后评价每个风险因素的大小（其中一种方法是将出现概率与后果相乘），再对风险因素进行排序。有时，可以定期对风险因素进行评价排序，把排在前10位的风险因素作为重点监控对象，这前10位的风险因素是可以动态调整的，这一做法可称为Top10方法。

SWOT分析原用于战略管理的态势分析或战略背景分析，主要分析四个方面：优势（S）、劣势（W）、机会（O）、威胁（T）。在风险评价中，主要取其中两个方面，W和T，其主要思路是将劣势的得分与威胁的得分相乘以判断风险的大小。

层次分析法（AHP）可以用于对风险进行分层评价，即把风险进行逐级分解，形成风险树，对于每一个风险子树，估计其权重，然后从底层开始，通过加权平均，逐级评价子风险及总风险的大小。

FMEA（Failure Mode and Effect Analysis）即失效模式和后果分析，是一种用来确定潜在失效模式及其原因的分析方法。其评价得出的是所谓风险优先数（Risk Priority Number，RPN），由风险出现频率的严重程度，以及该风险被检测到的等级相乘而得，即：

$$RPN = 频率 \times 严重程度 \times 检测等级$$

其中，频率、严重程度、检测等级均按 1~10 赋值，这样，RPN 的数值区间为 1~1000。

（三）发展于多学科集成

保险意义下的风险管理是狭义的风险管理，拓展到所有行业（特别是制造业）的风险管理被认为是广义的风险管理。企业风险管理的发展过程，是一个不断集成诸多学科知识并加以融合创新的过程。

风险管理集成发展的一个主要的学科来源是经济学。经济学对风险进行了多种角度、多个侧面的研究。管理经济学中也有风险贴水、风险等价、风险贴现率等概念，这三个概念建立了有风险事件与无风险事件之间的关系。创新经济学（Innovation Economics）中涉及创新与风险的关系问题，亦即创新存在风险，同时创新会形成相对垄断而使创新者在成功时可获得超额利润，这也从一个角度反映了风险与收益的对称性。信息经济学（Information Economics）中的信息不对称实际上是一种风险因素，会导致两种风险：一种是逆向选择风险，即由于信息不对称导致社会（如消费者）选择到了相对不好的或有瑕疵的对象或方案；另一种是道德风险，即掌握有效信息相对多的一方利用其信息优势做出损害掌握有效信息相对少的一方的利益。经济学还为风险分析贡献了两个非常重要的概念：风险感知与风险偏好，这两个概念已成为风险决策中两个十分重要的变量，因为风险决策的结果往往与决策者的风险感知和风险偏好有关。行为经济学取得的诸多成果涉及风险感知、风险偏好及决策者的认知偏差，为企业风险决策提供了新的视角。

风险管理进入一般的企业管理领域则以 1963 年由麦尔和海基斯合著的《企业风险管理论》一书的出版为标志。到了 20 世纪 80 年代，风险管理在企业的实际应用（以进入制造业为标志）取得了成效，一些企业开始设立专门的风险管理部门和岗位。20 世纪 90 年代，风险管理开始得到推进，特别是亚洲金融危机爆发，加上企业的各种危机事件层出不穷，风险管理越来越受到人们的重视。我国的企业风险管理，在政府层面主要表现为 2006 年国资委牵头制订《中央企业全面风险管理指引》。

在实践过程中，也有风险管理的各种形式。例如，保险公司承接保险业务，运用的原理就是大数定律，其实质是风险转移，即投保人的风险通过市场交易（给保险公司缴纳风险费）而转移到了保险公司。严格来说，银行的担保贷款也是一种风险转移，即部分风险转移到了担保公司或担保企业。抵押贷款一般来说，可以理解为一种风险补偿，即一旦银行发生损失，可以通过抵押物来补偿银行的风险。期货市场是一种梯级风险转移，即农产品期货市场实现的是农民向期货商、期货商向期货投资商的风险转移。在投资领域，通过投资组合来分散风险，也是一种古老的风险管理工具。

在还没有专门开展企业风险管理的时代，企业的某些活动也会包含对风险的某种考量。例如，现代公司制的有限责任制度，则是一种有限的风险规避，即把投资人的风险限制在一定的范围之内。股票制度中，股票既是收益分摊的一个依据，也是实现风险分摊的一种方式。合同管理的实质，一是通过合同的形式来识别不确定性，进行各种不确定性的风险分摊配置和约定；二是规避信用风险。企业的安全管理是对纯粹风险进行管理的一个雏形。而企业的质量管理，实质性上是对质量风险的一种控制。审计制度是一种风险处置措施，即使到了企业风险管理开始逐步得到应用的时代，审计也是作为应对企业操作风险的重要手段。现代企业风险管理也吸收了这些领域的知识与成果。例如，可以对企业的股权结构进行合理配置，或合理调整股权融资与债务融资的结构来进行风险控制，我国推行过的债转股就具有这种烙印。质量管理中的一些工具也移植到风险管理中。例如，鱼刺图用于风险识别，PDCA循环用于项目风险管理。风险管理有一个重要的内容是内控制度，而内控制度的抓手就是审计。

所以，企业管理的许多日常工作都具有一些风险管理的性质或内涵，但要判断一个企业是否开展了专门意义上的风险管理，则有三个标志：是否设置了风险管理机构或岗位；对于重大项目，是否开展了风险识别与风险评价工作；企业的年度报告中是否包括风险管理报告。现在，一般要同时具有这三个标志才可以认为企业开展了专门的、专业的风险管理。

二、风险管理与企业风险管理的发展历程

（一）风险管理的发展历程

风险管理作为系统科学产生于 20 世纪初的西方工业化国家。问题的提出最先起源于 20 世纪第一次世界大战后的德国，德国人为了重建提出了风险管理。

1931 年美国管理协会首先倡导风险管理，并在以后的若干年里，以学术会议及研究班等多种形式集中探讨和研究风险管理问题。自此，对风险管理问题的理论探讨和大企业的初步实践逐步展开。然而，风险管理问题在美国工商企业中引起足够重视并得到推广则是 20 世纪 50 年代后的事。

1963 年，美国出版的《企业的风险管理》一书，引起了欧美各国的普遍重视。此后，人们对风险管理的研究逐步趋向系统化、专门化，使风险管理逐步成为一门独立的学科。

随着对风险管理的重视，在西方发达国家，各企业都相继建立了风险管理机构，专门负责风险分析和处理方面的工作。美国还建立了全美范围的风险研究所和美国保险与风险管理协会等专门研究工商企业风险管理的学术团体。风险管理协会的建立和风险管理教育的普及，表明风险管理已经渗透到社会各个领域。美国风险与保险管理协会（RIMS）和美国风险与保险协会（ARIS）是美国最重要的两个风险管理协会。

1978 年，日本风险管理协会（JRMS）成立。英国建立了工商企业风险管理与保险协会（AIRMIC）。风险管理方面的课程及论著数量大增，协会的活动为风险管理在工商企业界推广、风险管理教育的普及和人才培养诸多方面做出了突出的贡献，促进了全球性风险管理运动的发展。

1983 年，在美国风险与保险管理协会年会上，云集纽约的各国专家学者讨论并通过了"101 条风险管理准则"，并将其作为各国风险管理的一般原则，这标志着风险管理已经达到了新的水平。

1986 年 10 月，在新加坡召开的风险管理国际学术讨论表明，风险管理运动已经走向全球，成为全球范围的国际性运动。

进入 21 世纪，企业风险管理（Enterprise Risk Management，ERM）已形成了

特定的概念，它来自美国反虚假财务报告委员会发起人机构于 2004 年 9 月发布的《企业风险整合框架》，该文系统地为现代企业管理当局（包括董事会、管理层、执行部门和其他员工）提供了一个以内部控制为基础的具有指导意义的逻辑框架，运用于企业战略的多层面、流程化的风险管理过程。它为企业实现经营目标提供了有效的保证。除此之外，国际标准化组织（ISO）发布的 ISO31000 标准，即《风险管理——原则和指导方针》，也为企业风险管理提供了一整套行之有效的标准化流程。

（二）企业风险管理的发展阶段

人类对付风险的实践活动自古至今一刻也没有停止过。随着人类社会的发展，人类面临的风险不断发展变化，人们防范风险的意识也不断提高，对付风险的办法也日益增多。到 20 世纪中叶的美国，风险管理作为一门系统的管理学科被提出。随后形成了近乎全球性的风险管理活动。这是社会生产力和科学技术发展到一定阶段的产物，标志着现代风险管理时代的到来。企业风险管理经过了四个阶段，即安全生产阶段、保险阶段、资本结构优化阶段、企业全面风险管理阶段。

1. 安全生产阶段

早在 20 世纪 50 年代以前，亨利·法约尔就已经认识到风险管理的重要性。1961 年他将工业活动分为六项功能，其中就包括一项叫作安全的功能，这可以说是企业风险管理的雏形。这项功能的目的是保障财产和人员不受以下事件的伤害：偷窃、火灾、罢工和洪涝，以及一切可能威胁一家公司的发展和生存的事情。安全功能一般包括保障事业安全的措施，保证工作人员能安心工作。

2. 保险阶段

20 世纪 50 年代中期，"风险管理"这个术语出现在美国，学术界也开始关注风险管理。最早的文献之一是加拉格尔于 1956 年发表于《哈佛商业评论》中的一篇文章。在此论文中，作者提出了一个在当时具有革命性意义的观点。他认为，组织中应该有专门负责管理纯粹风险的人，即在一定程度上应将风险转交给专门人员处理，在大公司里，这样的人应该被称为全职风险经理。当时，一些大公司已经有诸如保险经理这样的职位，这个职位通常需要为了确定和维护企业利益而购买一揽子保险单。随着企业规模的扩大，保险购买职能就逐渐成为企业内部一项具体工作。1931 年美国管理协会（American Management Association，AMA）建立了保险分会，目的是便于成员之间交换信息，并发布有关全体保险购买者利益的信息。1932 年纽约保险购买者协会成立。1950 年，美国保险购买者协会成立，后来成为美国保险管理协会。

3. 资本结构优化阶段

在有了较多的管理科学知识和工具，如运筹学、计量经济学、统计学以后，学术界不仅开始怀疑传统理论赋予保险的中心作用，而且也开始发展一些理论来提出学术上的挑战。

一些企业用资产组合理论作为指导，来分散企业在投资中所面临的风险。组合理论主要是说如果把钱投资于一个资产组合就可以有效降低风险，也就是人们通常所说的"不要把鸡蛋放在一个篮子里"。

4. 企业全面风险管理阶段

到了 20 世纪 80 年代后期，人们不仅希望预防风险损失，而且还想从风险管理中获得利益，以风险为基础的资源配置与绩效考核便应运而生，这样使经济损失达到最小。特别是 2008 年全球性金融危机以来，企业面临的风险越来越多，风险的影响也越来越大，而且严重性和频率也增加了。风险管理的流程和程序的缺陷，造成了多起巨大的金融损失和许多企业的倒闭。造成以上失败的原因主要是风险管理不够全面。此时全面企业风险管理开始进入公众视野。

全面风险管理就是董事会及经理阶层在为实现未来战略目标的过程中，将市场不确定因素产生的影响控制在可接受范围内的过程和系统方法。全面风险管理是管理当局建立的风险管理制度，是对企业生产经营和财务报告产生过程的控制，属于内部管理层面的问题。

传统的风险管理注重风险的来源。其认为不同来源的风险应该由不同部门采取不同方法分别处理，而部门之间的沟通和合作非常少，这种风险管理方式被称为"竖井式（Silo approach）"管理方式。英文"silo"为竖井、筒仓之意，"Silo approach"即孤立的、不与他人联系的方式。全面风险管理冲破了传统风险管理对风险的狭隘理解，把风险看作一个整体加以考虑，研究和解决的是公司整体的风险暴露和对企业的整体影响，其核心理念是从企业整体的角度，对整个机构内部各个层次的业务单位和业务环节的各个种类的风险进行通盘管理。因此，现代化的全面风险管理要求一切风险管理活动都要围绕公司价值最大化这个目标，公司的风险管理活动和投资活动要结合起来考虑，同时还要考虑新的投资机会对公司原有资本结构的影响，对公司整体风险的影响，从而决定采取什么样的风险管理策略。现代化的全面风险管理利用先进的技术手段来估计公司整体风险敞口的风险暴露（如 VaR 方法）。对于该整体风险的可交易部分（流动性高）进行套期保值，对于不可交易部分（缺乏流动性）则采取风险控制的方法从项目选择初期就加以考虑，只选择那些风险回报超过该项目对整体风险的贡献因素的投资机会。现代化的全面风险管理要求公司上下使用一套统一的风险政策和风险语言，由独立的风险管理部门向董事会提交关于公司整体风险敞口的有用信息而不是各个部门的风险暴露信息，因此不会造成关键资源的浪费和重要风险的遗漏。

第三节　风险管理相关理论

一、风险管理理论

（一）蝴蝶效应与风险放大

蝴蝶效应是一种特殊意义上的不确定性，其表达的内涵是：小的变化会导致大的风险，风险因传递和自强化而产生放大作用。

蝴蝶效应的表述方式较多。最常见的版本有二：一只蝴蝶在巴西上空扇动翅膀，由于空气振动不断强化，且进行空间传播，其后在美国得克萨斯州引起了一场风暴；一只蝴蝶在北京扇动翅膀，由于空气振动的非线性相干作用，使得空气振动在传递过程中不断叠加，到了纽约后引发大地震。蝴蝶效应的主要观点是：在一个系统内，初始条件十分微小的变化经过不断放大，对其未来状态会造成极其巨大的影响。蝴蝶效应与"细节决定成败"的说法不谋而合。有一个很生动的谚语是：丢失一个钉子，坏了一只铁蹄；坏了一只铁蹄，折了一匹战马；折了一匹战马，伤了一位骑士；伤了一位骑士，输了一场战斗；输了一场战斗，亡了一个帝国。这说明，事物的微小差异或微小变化，会导致事物的未来结果迥异，这也表明不确定性下未来结果对初始条件的高度依赖性。

蝴蝶效应的发生需要三个条件：（1）触发因素。即需要有一个微小的变化，或微小的刺激，或微小的启动。（2）传递机制。即触发因素导致的改变或波动会基于一定的介质而在空间内向某个方向持续传递。（3）强化机制。即这种改变或波动在传递过程中是不断增强的。

在经济与管理领域，蝴蝶效应俯拾皆是。例如，美国的次贷危机导致美国的金融危机，金融危机导致整个经济产生危机，这种危机还跨出国门并波及其他国家；"毒胶囊事件"被央视曝光后引起连锁反应和蝴蝶效应，导致整个胶囊行业企业的生存危机；石家庄三鹿集团的"三聚氰胺事件"不仅波及国内的牛奶产业，而且波及上游的农户以及下游的酸奶、奶糖等产业；无锡尚德的危机，损害了500多家包括银行和供应商在内的债权人的利益，破产清算时债务偿还比例只有31.55%，并导致公司所在地周边的产业全面崩溃。

武汉生物制品研究所（简称"武汉生物"）的"百白破疫苗事件"，事件的起因是分装设备传动链条故障导致停机20分钟，致使灌装前的半成品缓冲罐摇动不充分，进而使得该批次疫苗有效成分分布不均匀，最终导致产品出现质量问题，其蝴蝶效应不仅导致武汉生物的生存危机，更导致疫苗流入市场给民众带来恐慌与隐患。

蝴蝶效应反映在供应链上，就形成了所谓的牛鞭效应（Bullwhip Effect），其有三个含义：一是从供应链的下游到上游，订货时为保险起见都会逐级增加。例如，设实际的顾客需求为 x，则零售商向二级批发商订货时会按（$1+a$）x 订货，二级批发商则会按（$1+a$）^2x 向一级批发商订货，一级批发商则会按（$1+a$）^2x 向生产商订货，导致最终的订货需求大大超过顾客的实际需求。二是当顾客的需求发生偏差时，这种偏差会沿着供应链从下游到上游逐级放大。三是当顾客的需求发生波动时，这种波动也会逐级加剧。牛鞭效应是蝴蝶效应在供应链中的具体体现。牛鞭效应源于信息不完全和供应链沟通不畅导致的订货风险，进而传递到生产商，从而引发市场风险与生产风险。

（二）信息不对称、逆向选择与道德风险

信息不对称会导致经济活动中利益分配的不对称性和风险承担的不对称性。信息不对称，是指有效信息在不同人或组织之间分配的不均衡性，即各方掌握信息的程度不同，从而使掌握有效信息较多的一方获利，而掌握有效信息较少的一方受损。

实际生活中信息不对称的情况处处可见，如投保人与保险公司、企业与消费者、股东与经理、委托人与代理人、技术转让方与受让方等都是信息不对称的双方。信息不对称主要存在如下几种情形。

1. 竞争者之间的信息不对称

在市场竞争中，由于信息分布、信息传递及企业信息能力等存在差异，有的竞争者掌握了较多的有效信息，有的竞争者掌握了较少的有效信息。例如，相对而言掌握较多消费者需求信息的一方易于发现和抢占市场的空白点，易于开发生产适销对路的产品；掌握较多供应商信息的一方，则易于获得较低价格或较高质量的原材料供应；掌握较多技术信息的一方，将更迅速地运用高新科技开发生产新产品占领新市场。

2. 协作者之间的信息不对称

在市场竞争中，竞争与合作是并存的，竞争中有合作，合作中有竞争。协作者之间如果一方掌握信息较多而另一方掌握信息较少，则拥有信息较少的一方面临的风险相对要大。其中一种情况是委托人与代理人之间信息不对称：在短期内，由于人的复杂性及信息的隐蔽性，委托人难以确切地知道代理人的内部信息，如知识、能力、道德等；委托人也很难详细了解代理人的工作行为，如是否努力工作、是否有机会主义行为、是否损害了企业利益或委托人利益、是否违规等，因为实施监督需要时间、精力和成本。这样，委托人只能根据某个或某些可观测到的变量来推测代理人的隐藏信息和隐藏行动，而这种推测在随机因素影响下是低效和不准确的。信息不对称会导致逆向选择和道德风险。所谓逆向选择是指由于信息不对称导致某种选择机制选择出来的结果对选择者不利，或选择到非优方案乃至最劣方案。由于信息选择者处于信息不对称位置上，所以无法根据全面的信息判断选择，那么信息选择者会选择次者，这点在企业与消费者之间体现得较为

明显。对于消费者而言，其自身对商品并不了解，所以在选择时容易淡化质量、品质等因素，而直接选择价格便宜的商品，从而导致逆向选择。逆向选择给企业和消费者双方都会带来不利，会使消费者选择次品，导致拥有良好商品的企业遭遇市场风险，甚至被淘汰。道德风险就是在双方订立契约的情况下，由于信息的不完全性，契约不可能对所有未来可能发生的情况予以详细规定，再加上信息的不对称，致使契约的一方发生损害另一方利益的行为。

湖南桃江一家竹制品公司开发一种竹香米产品，即通过某种自行开发的工艺，将当地特有的竹叶中的叶绿素（实际上是竹精维素）浸入到大米中，使得大米呈现绿色，煮熟成米饭以后更有一股清香。这种产品不仅口感好，而且有清火、美颜、明目等功效。由于产品系独家生产，以及需要回收已投入的研发经费，因此，该产品售价很高，是一般大米的数倍，给公司带来了丰厚的收入。不久，市场上出现了许多假冒的竹香米，系不法商贩用色素和低劣大米制作而成。但消费者对真假竹香米的判别能力有限，形成了厂家与消费者之间的信息不对称，消费者无法甄别真假竹香米，所以很容易买到假冒伪劣的竹香米。这不仅损害了消费者的利益，也使得竹香米的市场价格不断下降至低于真竹香米公司的成本，导致真竹香米公司退出市场。也就是说，信息不对称引发了逆向选择风险，致使假冒伪劣竹香米打败了真竹香米。

3. 博弈效应与互动风险

在市场经济条件下，利益相关者会形成各种方式的博弈，这种博弈会带来一个困境：各方自认为理性且可以带来收益的决策或行动，由于主体之间的互动而不能实现各方独自的预期收益甚至导致亏损。亦即，互动或博弈会带来风险。

企业的经营活动大都面临现实的或潜在的竞争对手，即使是处于技术和市场双重垄断地位的企业，也不能排除模仿者的存在，模仿者可能挤占创新者的市场，成为现实的或潜在的竞争对手。在竞争态势下，各方的决策具有相互依赖性，使得风险决策表现出博弈性，且这种博弈是双方或者多方共同决策的结果，即风险决策遵循一定的风险博弈决策模式，即决策＝F（自身条件，对其他企业未来决策的预测），对此有两种理解：第一，决策具有相互依赖性，即一方决策是另几方未来决策的函数；第二，决策结果具有相互依赖性，即一方决策结果是另几方决策的函数。

博弈的存在，往往会使得决策者对其决策行动的绩效有估计偏误。即决策者在估计风险时往往忽视这种互动，结果在现实中一旦出现互动，则会使决策的效果达不到预期。有两个效应可说明这一点。

（1）沙滩效应

假设有许多人在有沙滩的海上游泳，有两个小贩在沙滩上卖矿泉水；游泳者购买矿泉水的原则是就近原则，即每一个游泳者均到离他最近的小贩那里购买矿泉水；初始条件是小贩位于沙滩的两端，分别享有一半的市场；一个小贩把他的摊位向中间移动一些，以图获取更多的市场份额。这一目的实际上是达不到的，因为另一个小贩也会跟他一样考虑，也会向中间移动推点，并最终会经过多轮博弈而使得两个小贩的摊点挤在最中间，这样两个小贩的市场份额还是没有增加。沙滩效应表明：由于互动和博弈，使得单个决策者实施决策行为时，其效益并没有增加。

（2）旅行者困境效应

假设两个游客从一个盛产花瓶的旅游胜地回来，他们都买了一个同样的花瓶，花瓶的价格都是 80 元。但花瓶在托运时被摔破了，航空公司决定对其进行赔偿。航空公司不知道花瓶的准确价格，但估计在 80 元左右。于是，航空公司让两个游客背靠背写出花瓶的价格，但限制在 100 元以内。为了克服花瓶价格的信息不对称问题，航空公司进行了一个机制设计：如果两人写的价格相等，即按所写的价格进行补偿；如果两人所写的价格不一样，则认为写低价格的人说的是真话，写高价格的人说的是假话，并对说真话的游客奖励 2 元，对说假话的游客罚款 2 元。理论上，两个游客均写 100 元为最优策略。但在有互动和博弈的情况下，这一最优策略不能实现，因为在一方写 100 元的情况下，另一方写 99 元会得到更多的收益。最后，这种互动和博弈反复下去，最终会使得两人写出的价格将较低。旅行者困境效应反映的是互动和博弈使得决策者的效益反而会减少。

在竞争过程中，互动性、博弈性往往使得各方的利益达不到预期。例如，在方便面领域，"康师傅"与"统一"的产品几乎是同质的，同质化加剧了竞争，使双方的预期效益均打折扣，直到后来"统一"突然切换到高端方便面，而"康师傅"未能及时追赶"统一"才占了上风。在坚果市场，三只松鼠、百草味和良品铺子各自的大动作很频繁，其原因是：任何一家企业采取措施，其他两家企业都会跟进，或有针对性地进行产品创新和市场创新，使得各家企业无法喘息。另外一个有趣的现象是，当三只松鼠跨界杀入饮料市场时，百事可乐却跨界杀入到坚果市场，形成跨界互动博弈。

（三）墨菲定律与小概率事件风险

1.墨菲定律的含义

墨菲定律（Murphy's Law），源于美国空军上尉爱德华·墨菲（Edward A.Murphy）的一个论断。墨菲是一名工程师，曾参加美国空军于1949年进行的MX981实验，该实验旨在测定人类对加速度的承受极限。其中的一个实验项目需要将16个火箭加速度计悬挂在受试者上方，有两种方法可以将加速度计固定在支架上，然而令人无法解释的是这16个加速度计竟然都被装错了。于是，墨菲提出一个著名判断："如果有两种或以上选择，其中一种将导致灾难，则必定有人会做出这种选择。"墨菲的随口之言由于其具有普遍的现实警示性被迅速流传，且被赋予无穷的内涵而用于各个领域。

墨菲定律的基本含义是：任何一件事，只要有大于零的概率发生，就不能够假设这件事不会发生。这一含义有时也说成：有可能出错的事情，就会出错。

墨菲定律可以延伸出两种含义：（1）小概率事件给人的印象是其发生的概率并不小。（2）任何事情总是朝不好的方向发展。故墨菲定律又可以称为"倒霉蛋定律"，其产生的风险即所谓"倒霉风险"。

2.墨菲定律的解释

墨菲定律源于：

（1）认知偏差。当决策者由于认知上的局限性对企业经营环境的评估出现偏差时，就容易给企业带来各种风险，而且这种风险可能出乎决策者的意料。

（2）心理暗示。当个体面临风险因素时往往会产生消极的心理暗示而产生心理波动，从而放大悲观效应和消极心态，进而增大风险发生的概率及其带来的损失。

（3）内在规律。风险的存在具有客观性和普遍性，独立于组织与个人意志之外。人们只能通过采取各种措施来降低风险发生的频率和损失，但是不能彻底消除风险。

（4）相干作用。风险系统中，风险要素间的相干作用决定了风险存在的客观性。在墨菲定律中，相干作用表现为事故发生受多层次因素的作用，同时各因素之间又相互依赖、相互影响。也正是相干作用的存在决定了风险的不可消除性。

（5）巧合。墨菲定律不排除巧合因素，因为任何意外或者风险都会通过一定的契机引发，而在此过程中不能排除巧合的影响。例如，2000 年 7 月 25 日巴黎戴高乐机场，一架大陆航空公司飞机的紧固件脱落，被一架法航的喷气式飞机碾过，轮胎上飞出几块碎片，其中一块击中喷气式飞机的油箱导致漏油，另一块击中飞机的电路系统导致火花进而起火，并引致这一架喷气式飞机在空中爆炸。这就是一种概率极小的巧合。

（6）动态概率。在大型复杂系统中，系统及其各组成部分处于动态变化的环境中，因此风险发生的概率也呈现出动态性和随机性。这样人们常认为有些发生概率小的事件，由于内外环境发生变化，其发生概率较以往大为增加。

二、风险管理理论与其他学科的关系

目前，风险管理已经发展成为一门跨越自然科学和社会科学的边缘学科，与金融、保险、投资、数学、财务管理、心理学、社会学等均存在千丝万缕的联系。

（一）风险管理理论与保险学

保险是风险管理的特殊形式，主要是应付具有可保利益的纯粹风险。可保利益是指投保人或被保险人同保险标的、承包危险之间具有的经济利害关系。风险管理理论则不同，其管理的范围是广泛的，不仅包括可保风险，而且还包括不可保风险；不仅包括纯粹风险，还包括投机风险。可见，不能将风险管理理论狭义地理解为保险购买行为，是附属于保险学的。保险只是风险管理的一种方式而已。

传统保险学研究的重点是具有可保利益的纯粹风险，保险是被作为一种风险筹资工具来加以研究的。但是，随着保险业的迅猛发展，保险已经不仅仅是风险筹资工具，而且逐步扩展为风险的重要管理方式，并表现出独特的特点。随着保险学的发展，保险学越来越离不开风险管理的方法和控制风险手段的支持，保险学的发展需要风险管理的技术支持，特别是风险识别和风险度量方法的支持。由此可见，保险学不能等同于风险管理理论，风险管理理论也不能概括保险学的全貌。

（二）风险管理理论与投资管理学

投资是具有风险的，投资管理学是在研究投资风险的基础上，进行投资优化组合的管理，并寻求获得最大化投资收益的理论。投资管理学的研究需要风险管理理论的指导，如果没有风险管理理论和相关的技术支持，为获得收益而进行的投资就是盲目的投资，是难以预测结果的投资，这很可能导致投资的失败。同样的，风险管理的过程是进行成本、收益选择和决策的过程，风险管理的过程需要投资管理学的支持，如果没有投资管理理论的支持，风险管理就无法进行风险度量和风险评价等。尽管如此，风险管理并不是单纯的投资，风险管理理论和投资管理学研究的侧重点不同。风险管理侧重于损失的成本，而投资管理学则侧重于资金获利的成本。由此可见，不能简单地将风险管理理解为投资管理学的分支，也不能将投资管理学理解为风险管理理论，二者是既有区别又有联系的两门学科。

（三）风险管理理论与数学

在风险管理中，风险程度和损失程度的预测、损失的评估等，需要运用数学方法进行推测和评估。概率论和数理统计的运用，使得人们对风险事故造成损失的推测和估计更加准确、科学，也使人类对风险的度量、分析等发生了质的变化。自从数学被引入风险度量以来，风险管理才成为一门科学。但是这并不是说，风险管理理论就属于数学的范畴。数学是运用一系列前提假设，逻辑地推出普遍原理的过程，是逻辑严谨的科学。风险管理理论是揭示风险存在的状态、因素和可能造成损失的管理科学，风险管理理论中没有普遍适用的规律，只有一些一般性的风险管理方法。风险管理理论是一门管理科学。在风险管理实践中，大量的风险管理实务表明，风险管理是运用各种操作规范和规程进行管理的。数学的原理对于管理学科来说，是不适用的，数学只是预测和估计风险需要借助的工具而已。

（四）风险管理理论与财务管理学

风险管理理论同财务管理学既有区别又有联系。风险管理理论的损失成本，如收益的预测和分析、风险管理目标的实现、风险融资等，都离不开财务管理学的支持。财务管理学研究的是经济活动单位各项收支和经营成果的综合表现，财务管理以价值的形式反映风险管理单位业务经营过程中的资金运行、劳动耗费、财务成果及其收入分配等活动，是风险管理单位规范化管理资金的反映。运用财务管理方法有助于防范和化解风险管理单位面临的各种财务风险，它是风险管理的重要方法之一。但是财务管理理论只能识别、衡量资金的损失风险，不能识别、衡量大量实物资产的损失风险，也不能对已经发现的风险采取措施，因此财务管理学不能等同于风险管理理论。

第四节　风险管理方法与技术

一、风险管理的基本方法

风险管理的基本方法主要有两个：一个是控制法，一个是财务法。

控制法，就是在损失发生之前，通过各种管理和组织手段，力求消除各种风险隐患，减少导致风险发生的因素，将可能发生的损失降到最低。

财务法一般是事后的风险管理。所谓财务法，就是如果风险事先发生了，已经造成了损失，企业如何利用各种财务工具，尽量地保障企业生产、运营能够正常进行，或者使企业能够在短时间内恢复正常的生产和经营秩序，对损失的后果给予补偿。比如，有风险自保资金、准备金、商业保险等事后风险防范措施。财务法主要是用财务工具来尽快地恢复正常的生产经营秩序。

下面我们来详细探讨这两个风险管理的基本方法。

（一）风险管理控制法

风险控制主要包括两个方面：一是避免风险，二是排除风险。

1. 避免风险

避免风险是指放弃或者拒绝可能导致比较大风险的经营活动或方案。其实企业经常自觉或不自觉地使用这个方法。比如企业如果觉得某个投资项目、经营决策风险太大，就可能自然放弃，不去从事这个项目或者不去从事这个经营，这就叫避免。避免是一种被动的、消极的风险控制方法。避免风险是在风险事件发生之前，采用回避的方法完全彻底地消除某一特定风险可能造成的损失，而不是仅仅减少损失发生的可能性和影响程度，因而它的优点是比较彻底、干净利落。

避免风险的一个基本方法是终止某些现有的高风险的产品、服务的生产和新产品、新服务的引进，暂停正在进行的经营活动，挑选更合适的经营业务、经营环境。例如，保险公司可采取此方法来取舍特定的保险产品。如果有的保险品种风险过高，经常有客户索赔，而且可能存在恶意欺诈，从而导致该保险产品入不敷出，那么保险公司就有可能考虑终止这种产品的销售。再如，这些年美国的烟草公司时常陷入烟民的官司纠纷，承担巨额索赔，因而许多较小的烟草公司纷纷未雨绸缪，转向转基因产品等，这就是避免风险。避免风险的另一个基本方法是改变生产活动的工作方法和工作地点等。例如，化工厂以惰性溶剂取代易燃易爆溶剂，可以避免爆炸的风险，从而避免潜在的风险。

避免风险的方法有很大的局限性：一是人们难以对风险事件的具体状况做十分准确的估计，不能确定风险事件是否应该实施避免；二是即使有很大的风险，人们依然不愿放弃该风险事件可能包含的巨大利润，所以，避免风险是一种消极的处理方式；三是风险避免在实践中很难完全实现。其实企业从事经营活动，风险是难免的，对于一些高风险的项目，企业可以采取避免法，但是对于绝大多数的经营决策，不能都采取避免法。因为避免风险的同时，也意味着损失了企业的利润。只要企业有经营活动，就不能完全避免风险。只是对于部分项目、部分风险、部分经营活动，因为它的风险相对较高，企业可以采取简单的避免方法，主动放弃经营。

2. 排除风险

排除风险指在损失发生前，尽量消除损失可能发生的根源，减少损失发生的可能性，减少损失事件发生的概率。在风险事件发生后，减少损失的程度。

排除法的基本方法在于遏制风险因素和减少风险损失，是风险管理中最积极主动也是最常用的处理方法，这种方法可以克服风险避免方法的种种局限。在这个过程之中，企业并不放弃某一项特定的方案和战略，而是把它们可能带来的风险发生的可能性降到最低，把风险发生之后可能带来的问题减少到最小，这样既不会损害企业的利润，又可以很好地规避风险。

排除风险一般要经过以下阶段：分析风险因素、选择控制工具、实施控制技术、对控制的后果进行评估等。分析风险因素是研究可能引发风险的因素，从而从源头对风险进行治理；选择控制工具是从技术层面选择风险控制的方法和手段；实施控制技术则包括在人财物各方面进行控制，是风险控制的执行阶段；对控制的后果进行评估则是为了总结经验教训，进一步改善风险控制。

通常来说，排除风险措施主要有以下几种。

（1）调查措施，是指详细了解过去风险损失和经营事故发生的原因。调查和分析是风险管理的有效措施。调查事故和损失的原因，其实就是对前车之鉴的一个总结，目的是为企业的风险控制、企业决策提供一个科学的依据。

（2）损失防范措施，是指降低损失发生频率的措施。损失防范是一个贯穿于生产经营全过程的系统活动过程，在排除风险以至风险管理整体中有十分重要的意义。控制法是一个避免风险的方法，完全避免了风险；排除法仍然要承担一部分的风险，它是对风险进行排除、控制，减少风险发生的概率，减少风险带来的负面影响。

（3）减少损失的措施，是指损失发生后采取各种控制措施，以减少损失的幅度和范围，尽可能保护受损财产。在企业风险管理中，减少损失还应包括为应付实际的损失而制定的应急防范计划。该计划包括抢救措施及企业在发生损失后如何继续进行各种业务活动的计划，旨在尽力减少组织的财产损失，这其实也是一种事后管理。

（二）风险管理财务法

许多风险是不可避免且其损失是事前难以预测的。因而当大数量的损失后果出现时，如何有效地利用各种财务工具，及时有效地提供经济补偿，是风险管理的重要方法。一旦风险事件发生，并导致大数量的损失出现时，我们如何稳妥地善后或减少财务损失的影响，便成了风险管理的重要课题之一。我们通常用各种财务工具和手段来减轻或化解潜在风险事件所带来的经济损失。风险管理的财务手段包括风险的自留、风险的转移、风险的对冲等。

1. 风险自留

风险自留亦即自担风险，是一种由企业单位自行设立基金，自行承担风险损失发生后财务后果的处理方式。运用风险自留手段需具备以下三个条件。

（1）企业的财务能力足以承担由风险可能造成的最坏后果，一旦损失发生，企业有充分的财务准备去弥补财务上的损失，不会使企业的生产活动受到很大影响。

（2）损失额可以直接预测，即风险标的止损以及可能的后果有较高的可预见性。如果企业无法预测损失可能发生的额度，那也就无法有效地行使风险财务工具。风险发生之后企业可能还是无法进行正常的生产经营活动，这就是一种盲目的冒险行为。

（3）在风险管理过程中无其他更好的处理方式可以选择。也就是说，即便企业有承担自留风险的能力，也未必是一种最好的方式。

2. 风险转移

风险转移指企业将其损失有意识地转给与其有相互经济利益关系的另一方承担，通常是因为另一方更有承担该风险的能力和意愿。在现代市场经济中，风险转移并不是一种不道德的或者是违法的行为。相反，它不仅是企业防范风险的合法手段，也是企业进行风险管理工作的重要手段。购买保险是一种最为普遍的风险转移行为。例如，汽车保险的第三者责任险，肇事者的车撞了人，保险公司却来从事赔偿工作，就是一种典型的风险转移。又如金融市场上的期货交易，也可以作为风险转移的方法。再如，生产咖啡的农民，在春天的时候事先和厂家签订一份收购协议，约定等9月份咖啡生产出来的时候厂商从他这里收购100吨，每吨3000元。根据协议，农民出产咖啡的利益是可以得到保障的，这样他的风险就下降了。事实上，农民把咖啡价格可能会下降的风险转移给了厂商，而厂商把咖啡价格可能会上升的风险转移给了农民。粗略来看，这对双方是公平的，因而风险转移不一定是一个贬义的概念。

风险转移一般有两种方式：其一是将可能遭受损失的财产转移出去，可能会引起风险及损失的活动；其二是将风险及其损失的财务结果转移出去，而不转移财产本身，在进行风险转移的同时必须付出一定的代价。例如，将贵重物品交给专门机构负责保管，将高风险的生产经营活动外包等，都可起到转移风险的作用。

在财务结果转移方式中，保险是最重要也是最常见的形式。其他财务结果转移的方式，称为非保险型风险转移，这里值得一提的是银行分散风险的方式。银行投资和证券投资具有很大的区别，证券投资可以选择不同的投资工具使风险分散，并且是很大程度的分散；银行经营活动不具有这种弹性，很多银行在某个地区经营，基本上只对这个地区的客户贷款，这样风险比较集中，就违背了分散风险的原理，实际上也就增加了银行从事信贷投资的风险。

3. 风险对冲

对冲在资本市场和金融市场上很常见，就是用现代的金融财务工具、衍生工具等调换的手段来降低风险。

我们把股票、债券、大额存单等称为金融工具，把期权、期货等称为金融衍生工具，顾名思义，衍生工具就是在基本工具上衍生或派生出来的工具。期货在现代企业风险管理中的应用非常广泛。比如，石油开采公司为了保证 3 个月后或者 5 个月后石油的价格稳定，可以做石油的空头，使石油按照某个固定的价格卖出去；而炼油厂为了保证几个月后可以通过一个稳定的价格买进石油，就做石油的多头，使石油按照某个固定的价格买进来。期权的使用也很广泛，就是花钱买进某种行使权，到时候可以将手中的股票或者外汇以某种固定价格卖出去。

一个典型的例子是跨国企业的收入问题。许多跨国企业的经营非常分散，在各个地方收入的货币并不相同，这使得公司的财务状况很不稳定，公司面临着各币种外汇牌价波动的风险，这时公司可以使用期货或者期权来规避牌价风险。用期货规避汇价风险的方式是事先大致预计好在国外各地各币种大致的收入，然后做相同币种外汇期货的空头；利用期权则是买进某币种在将来以某固定价格卖出的权利。这种控制风险的方式就是风险的对冲。我们在上面提到的生产咖啡的农民转嫁咖啡价格风险的例子中，农民利用的就是对冲方式。

二、常用的风险管理技术

（一）绘制风险图

风险（坐标）图的制作是把风险发生的可能性作为一轴、风险对企业及其目标的可能影响作为另一轴，绘制成直角坐标系，然后，根据对一项风险经识别与分析得到的可能性大小和影响大小将该风险在直角坐标系上描绘出来，这样就形成了风险坐标图。根据不同的具体问题，对风险发生的可能性与风险对目标的影响这两方面的评估和描述有各种不同的定性、定量方法以及称谓。定性方法是直接用文字或者定序数字描述风险发生可能性的高低、风险，对企业及其目标影响的程度，如用"极低""低""中等""高""极高"或者"1""2""3""4""5"等。定量方法是对风险发生可能性的大小、风险对目标影响的大小用定距数字或定比数字描述。例如，风险发生可能性的大小用频数或概率来表示；风险对目标影响的大小用货币金额来表示等。一般而言，在企业初次制作风险图时，较多使用定性方法对风险进行识别与分析。

制作风险坐标图的关键显然不是把风险描绘到风险坐标系上而是确定在风险坐标系上的一点来描绘风险。制作和实现风险坐标图的基本程序如下。

（1）建立一个由上而下的构架——一个分清所有类型风险的总分类法。

（2）基于损失历史和自我评估，按照业务和职能部门设立一个自下而上的特定风险列表。

（3）基于管理层的判断或风险模型，在一致的时间跨度内，定性分析或定量估计每种风险发生可能性的高低或大小、风险对企业及其目标影响的程度或大小。从而制作出图 1-4-1（图中的数字是风险的编号）这样的风险（坐标）图。

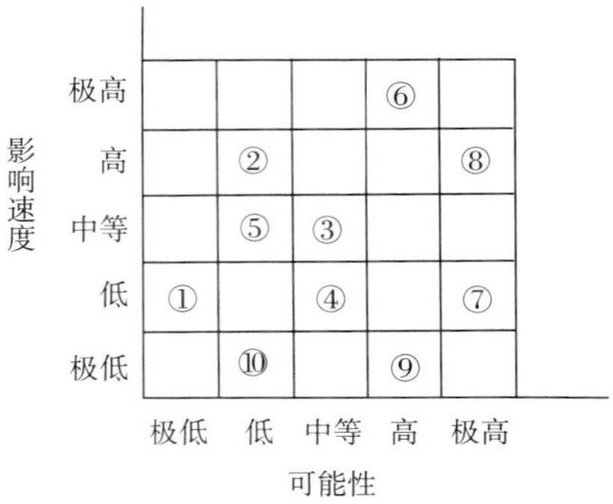

图 1-4-1 定性分析和绘制的风险坐标图

风险坐标图完成后，并不是就万事大吉了。首先，我们还需要进一步审查它是否为一张好的风险坐标图。如果处理得当，风险坐标图能成为风险识别和评估的非常高效的工具。但是，风险坐标图的质量完全取决于输入的信息和处理过程的质量。没有正确的方法，风险坐标图绘制就成了一种例行公事，除了给我们一个未经深思熟虑的风险敞口的大杂烩外，不能带来任何好处。一张好的风险坐标图应当体现如下特性。

（1）准确性：要尽最大的努力，使经评估得到的风险发生可能性的大小和影响大小准确地反映出客观实际。

（2）全面性：风险坐标图为识别和评估公司面临的所有风险描绘了一个整体的架构。

（3）一致性：标准分类法建立了讨论风险敞口的一套共同语言，而风险评估标准为估计风险发生的可能性和影响提供了一个一致的方法体系。

（4）职责性：业务和职能单位直接参与风险识别和评估以及风险监测和管理过程。

（二）风险管理问卷设计

1. 问卷设计的一般原则

问卷调查是了解和识别一个风险问题的常用易行的方法。它要求根据调查目的设计出调查问卷，然后采取随机的方式向问卷对象发放和回收该调查问卷，并对所得数据进行统计分析得出调查结果。要使得问卷调查的结果真实可信，一方面要严格遵循概率统计原理进行操作，另一方面问卷设计水平也是一个至关重要的前提条件。而问卷设计的质量好坏除了与设计人员对所调查的风险问题的理解有关外，很大程度上又与设计原则紧密相关。为了获得真实可靠、易于整理和统计分析的信息，应当坚持如下原则。

（1）明确问卷调查的目的和主题。这是高质量问卷设计的前提，问卷必须紧密围绕调查目的和主题来展开。违背了这一点，再漂亮的问卷都是徒劳的。而要使得问卷紧密围绕调查目的和主题来展开就要在问卷设计之初找出与调查主题相关的各种要素。

（2）明确问卷的对象。问卷的设计必须有针对性，充分考虑问卷对象的文化水平、年龄层次、社会地位和合作可能性。对于不同层次的问卷对象，在语言措辞、问题难度等方面都是不一样的，问题不能超出问卷对象的知识能力和权限范围。例如，对于企业的一线职工，在语言文字的设计上就必须尽量通俗易懂；对于企业的中层管理人员，所提问题要考虑到他们的管理权限；对于企业的高层管理人员，语言文字上应表示出对他们的尊敬。

（3）逻辑性和规范性。从单个问题上来说，要考虑命题是否准确、提问是否清晰明确、有没有模棱两可的地方。从整份问卷上来看，问题与问题之间有没有逻辑性、会不会相互矛盾吗。如果问卷逻辑性强、表述准确、编排恰当、简洁明了，整份问卷就会给人一种整体感，从而使问卷成为一个相对完整的小体系。

（4）客观、无暗示诱导、不提敏感问题。问卷中的问题要设置在中性位置、不掺入提示性的诱导语言，也不能设置会引起问卷对象情绪困扰、波动、反感等的敏感问题。

（5）在问卷设计阶段，就应该考虑数据的统计和分析是否易于处理。对于没有经验的新手而言，往往只考虑到问卷调查的目的和内容，但是容易忽视提前关注数据的统计和分析问题，因为这两个环节的工作基本上是分离的。等得到问卷调查原始数据的时候，才发现得到的数据很难进行统计和分析。所以在问卷设计的时候，就要充分考虑后续的数据统计和分析工作，如指标是否能够累加和便于累加，指标的累计与相对数的计算是不是有意义的，等等。

2. 问卷的基本结构

一般的问卷可以分为三大部分：前言、主体和结语。在前言部分应该讲清楚这次问卷调查的目的、意义以及简单的内容介绍，关于匿名的保证以及对回答者的要求，等等。如有涉及个人的问题，应该有隐私保护说明。第二部分是问卷的主体，这一部分包括问卷调查的主要内容，以及一些答题说明。对于答题说明要写清楚，如怎么写答案、可跳答的问题、哪些人可不回答等的说明。对于主要内容，就是按问卷设计的一般原则设置的各个问题。最后一部分是调查的一些基本信息，如调查时间、地点、调查员姓名、被调查者的联系方式等信息的记录。最后我们还要对回答者的配合再次给予感谢。

（三）头脑风暴法

头脑风暴法（Brain storming）是一种设计用来为解决某一问题而集体开发创造性思维的方法，所以也称为集思广益法。它的发明者是美国广告专家阿历克斯·奥斯本，他于 1938 年在一本名为《创造性想象》的书中首次提出头脑风暴法。头脑风暴法原指精神病患者头脑中短时间出现的思维紊乱现象，病人会产生大量的胡思乱想，阿历克斯·奥斯本借用这个概念来比喻思维高度活跃、打破常规的思维方式并从而产生大量创造性设想的状况。头脑风暴法的特点是让与会者敞开思想，使各种设想在相互碰撞中激起脑海的创造性风暴。

1. 头脑风暴法的基本规则

一次成功的头脑风暴的关键是探讨问题的方式和参与者的心态，要取得预期目的，如下的基本规则应当遵守。

（1）鼓励异想天开、自由畅谈。参加者不应该受任何条条框框限制，要放松思想，让思维自由驰骋，从不同角度、不同层次、不同方位大胆地展开想象，尽可能地标新立异，与众不同，提出独创性的想法。

（2）追求数量、多多益善。头脑风暴会议的目标是获得尽可能多的设想，追求数量是它的首要任务。参加会议的每个人都要抓紧时间多思考，多提设想，至于设想的质量问题，可留到会后的设想处理与改善阶段去解决。从某种意义上说，设想的质量和数量密切相关，产生的设想越多，其中的创造性设想就可能越多。

（3）禁止当场批评、当场判断。绝对禁止当场批评是头脑风暴法应该遵循的一个重要规则。参加头脑风暴会议的每个人都不得对别人的设想当场提出批评意见，因为批评对创造性思维无疑会产生抑制作用，同时，在此场合不必自我谦虚，发言人的自我批评也在禁止之列，有些人习惯于用一些自谦之词，自我批评性质的说法同样会破坏会场气氛，影响创造性设想的大量产生。

（4）整理思想、形成创见。要注意这一规则是在会后的设想处理阶段起作用的。通过头脑风暴畅谈会，往往能获得大量与议题有关的设想和新颖的见解，然而至此任务只完成了一半，更重要的是对已获得的设想进行分析整理，以便归纳综合出有价值的创造性设想、对问题的深刻洞察和能够解决问题的实际方案。

2. 头脑风暴法的基本程序

头脑风暴法力图通过一定的讨论规则与会议程序来保证创造性讨论的有效性，会议程序构成了头脑风暴法能否有效实施的又一关键因素，从会议程序来说，组织头脑风暴会议关键在于以下几个步骤。

（1）确定议题。一个好的头脑风暴法应该从对问题的准确阐明开始。因此，必须在会前确定一个议题，使与会者明确这次会议需要解决什么问题，同时不要限制可能的解决方案的范围。一般而言，比较具体的议题能使与会者较快产生设想，主持人也较容易掌握；比较抽象和宏观的议题引发设想的时间较长，但设想的创造性也可能较强。

（2）会前准备。为了使头脑风暴畅谈会的效率高、效果好，应在会前做好准备工作，比如收集有关资料预先给与会者参考，以便与会者了解与议题有关的背景材料和内外动态；就参与者而言，在开会之前，对于要讨论的问题一定要有所了解。另外，会场可作适当布置，座位排成圆环形或随意的环境往往比教室式的环境更为有利，同时，在头脑风暴畅谈会正式开始前还可以引出一些有趣的相关话题供大家交谈，以便活跃气氛，促进思维。

（3）确定人选。首先，人选在层次上要比较一致，特别是在职位上不能相差悬殊，这样才能让参与者畅所欲言。在人数上，一般以 8 人左右到 12 人左右为宜。与会者人数太少不利于交流信息，激发思维，人数太多则不容易掌握，并且每个人发言的机会相对减少，同样也会影响会场气氛。只有在特殊情况下，与会者的人数可不受上述限制。

（4）明确分工。要确定一名经验丰富的主持人和若干名记录员（秘书），当然也可备好一些录音、摄像和投影设备。主持人的作用是在头脑风暴畅谈会开始时重申讨论的议题和纪律，在会议进程中启发引导和掌握进程，如提出自己的设想、活跃会场气氛或者让大家静下来认真思索片刻再组织下一个发言高潮等。记录员应将与会者的所有设想都及时编号，简要记录，最好写在黑板等醒目处，让与会者能够看清，记录员也应随时提出自己的设想，切忌持旁观态度，只做记录工作。

第二章　企业风险管理概述

本章讲述的是企业风险管理概述，主要从以下几方面来具体论述，分别为企业风险的类型与特点、企业风险管理的目标与必要性和企业风险管理的组织与文化。

第一节　企业风险的类型与特点

一、企业风险管理的概念与特征

（一）企业风险管理的概念

风险管理（Risk Management）属于企业管理功能的一部分，它是人类在不断追求安全与幸福的过程中，结合历史经验和近现代科技成就而发展起来的一门新的管理学科。但由于涵盖范围广泛，有关它的定义，就像有关风险的定义一样，至今众说纷纭。比较有代表性的如下。

美国学者格林和提斯切曼在《风险与保险》一书中提出："风险管理是为管理阶层处理企业可能面临的特定风险的一种方法和技术，风险管理的对象是纯粹风险而非投机性风险。"[①] 该定义的特点是将风险管理的范围集中于处置企业所面临的特定风险即纯粹风险，并将风险管理视为一门技术和一种方法。但是，该定义未能揭示风险管理的实质和核心，并将风险管理的范围局限在企业遭受的纯粹风险上，即只管理静态风险或纯粹风险，而把动态风险或投机风险排除在外。

美国学者小阿瑟·威廉姆斯和查理德·汉斯在《风险管理与保险》一书中提

---

① 马彦伊. 关于财产保险公司风险管理体系的文献综述 [J]. 金融经济：下半月，2013（10）：3.

出："风险管理是通过对风险的识别、衡量和控制，以最小的成本使风险所致的各种损失降到最低限度的管理方法。"① 与上述定义相比，这一定义的突出贡献有：它揭示了风险管理的实质是以最经济合理的方式消除风险导致的各种灾害后果；它指出了风险管理包括风险识别、风险衡量和风险控制等一整套系统科学的管理方法，并将风险管理纳入现代科学管理系统，使之成为一门新兴的管理科学。但与前者一样，它也将风险管理的对象局限于纯粹风险。

我国台湾学者袁宗蔚在其《保险学》一书中提出："风险管理是旨在对风险的不确定性及可能性等因素进行考察、预测、收集分析的基础上制定出包括识别风险、衡量风险、积极管理风险、有效处理风险即妥善处理风险所致损失等一整套系统而科学的管理方法。"② 该定义表述得更为全面、确切。但它又忽视了风险管理是以最经济、最合理的成本来综合治理风险的方法。

总之，风险管理是随着社会进步和经济的发展而产生和发展起来的，是家庭或企业对其面临的风险，事前运用各种风险管理策略和技术所做的一切处理过程。国内外关于风险管理的概念虽未完全统一，但企业风险管理的概念越来越清晰。

企业风险管理是为了合理保障目标的实现，将企业整体风险控制在偏好之内，由企业风险管理组织和人员组织实施、全体人员参与的对企业目标实现过程中的风险，本着从实际出发、务求实效、突出重点的原则，以对重大风险的管理和重要流程的内部控制为重点，凭借信息化平台，采用与风险管理策略相适应的组合技术或工具所进行的准备、实施、报告、监督和改进的动态连续不断的过程。本概念明确以下几点。

（1）企业风险管理目标。通过控制风险和利用机遇创造价值，以保证企业目标的实现。

（2）企业风险偏好概念。企业在寻求价值最大化时愿意接受的风险数量，可以说是风险容量和风险容限的组合。

（3）企业风险管理主题。进行企业风险管理的组织和人员，是企业风险管理得以实现的组织和人员保障。

---

① 威廉姆斯，汉斯. 风险管理与保险 [M]. 陈伟，等，译. 北京：中国商业出版社，1990.
② 袁宗蔚. 保险学——危险与保险 [M]. 北京：首都经济贸易大学出版社，2000.

（4）企业风险管理的内容。企业风险管理是对企业整合风险的管理，既要对企业各类风险进行分别管理，也要对企业总体风险进行综合管理。

（5）企业风险管理的原则。从实际出发、务求实效的原则，以重大风险的管理和重要流程的内部控制为重点的原则。

（6）企业风险管理的方法。风险管理策略相适应的技术或工具的组合体系，既有定性的方法，又有定量的方法，定性方法和定量方法要相结合。

（7）风险管理流程。风险管理是企业全面管理准备、实施、报告、监督和改进的动态连续不断的过程。

总之，简单地说，企业风险管理是为保证企业目标实现，对企业风险进行全面管理的动态过程。这里的全面是相对的，至少是相对于分散的、不全面的传统风险管理而言的。传统风险管理是以防人为核心内容的管理，以防人为主体的风险管理机制，关注的对象主要是那些可能带来损失的纯粹风险，基本上也是围绕纯粹风险展开的，风险应对主要手段是保险。而现代的企业风险管理，是系统的、统一的，是以规范制度、规范流程、规范责任为特征的完整的企业风险机制，突出风险的选择和利用。

（二）企业风险管理的特征

将企业风险管理贯穿到企业管理的全过程。企业风险管理是决策层，特别是一把手必须亲自管理的一项重要的企业管理工作。健全的企业风险管理可以归结为六性，即全面性、一致性、关联性、集权性、互通性、创新性。

1. 全面性

风险管理的目标不仅仅是使公司免遭损失，而且能在风险中抓住发展机遇。全面性可归纳为三个"确保"，一是确保企业风险管理目标与业务发展目标相一致；二是确保企业风险管理能够涵盖所有业务和所有环节中的风险；三是确保能够识别企业所面临的各类风险。

2. 一致性

风险管理有道亦有术。风险管理的"道"根植于企业的价值观与社会责任感。风险管理的"术"是具体的操作技术与方法。风险管理的"道"是"术"之纲，"术"是"道"的集中体现，二者高度一致。

3. 关联性

有效的风险管理系统是一个由不同的子系统组成的有机体系，如信息系统、沟通系统、决策系统、指挥系统、后勤保障系统、财务支持系统等。因而，企业风险管理的有效与否，除了取决于风险管理体系本身外，在很大程度上还取决于它所包含的各个子系统是否健全和有效。任何一个子系统的失灵都有可能导致整个风险管理体系的失效。

4. 集权性

集权的实质就是要在企业内部建立起职责清晰、权责明确的风险管理机构。因为清晰的职责划分是确保风险管理体系有效运作的前提。同时，企业应确保风险管理机构具有高度权威，并尽可能不受外部因素的干扰，以保持其客观性和公正性。

5. 互通性

风险管理战略的有效性在很大程度上取决于其所获信息是否充分。而风险管理战略能否被正确执行则受制于企业内部是否有一个高效的信息沟通渠道。有效的信息沟通可以确保企业所有人员都能正确理解其工作职责与责任，从而使风险管理体系各环节正常运行。

6. 创新性

风险管理既要充分借鉴成功的经验，又要根据风险的实际情况，尤其要借助新技术、新信息和新思维，进行大胆创新。

企业风险管理是全员、全过程、全方位的风险管理，既要控制风险，又要把握机遇，是积极进攻性的风险管理。实际上，企业风险管理还应该是全社会的、全世界的风险管理，至少是由政府、企业和社区共同组成的企业风险管理体系，建立集安全建设、应急管理、风险控制与风险融资于一身的企业风险管理模式。

二、企业风险的类型

（一）企业职能风险

企业职能风险是指从企业职能角度来看，企业潜在的风险有生产风险、运营风险、市场营销风险、财务风险、信息风险等。

1. 生产风险

生产是指企业以产品的投入、产出、销售、分配保持简单再生产或实现扩大再生产所开展的各种有组织的活动的总称。生产活动是企业各项工作的有机整体，是一个完整有序的系统。在企业从事生产活动过程中产生的不确定性或损失就是企业面临的生产风险。

（1）原材料采购风险

材料采购是产品进入市场流通的第一环节。原材料采购风险是指企业在材料采购过程中因方式选择不当、价格掌握不明确、质量把关不严谨等产生的风险。

（2）供应商选择风险

企业在供应商选择时需要对供应商的技术、质量、价格和交货准时性进行评估，在评估过程中存在的不确定性就是企业面临的供应商选择风险。

2. 运营风险

企业运营风险是指企业在运营过程中，由于外部环境的复杂性和变动性以及主体对环境的认知能力和适应能力有限，导致运营活动达不到预期目标或运营失败的可能性。

运营风险主要包括创业风险、领导风险、筹资风险、现金风险和持续运营风险，具体如下。

（1）创业风险

这类风险主要发生在企业创业的初始期。此时容易产生的风险有：过分注意产品研制而忽视事关企业长远发展的问题；对市场变化趋势没有预见性；运营者缺乏全面管理能力等。

（2）领导风险

当小企业发展到150~250人时，就会面临企业的领导风险。领导风险的主要表现有：业主或合伙人无法承担逐渐变大的企业管理责任；不愿分工或分权，独自一人建立一个管理班子等。

（3）筹资风险

企业会通过各种渠道如向公众招股或寻求无担保贷款、请金融机构认股或给予定期贷款、从租赁公司租赁设备等方式筹措资金。每种获得资金的途径都有利有弊，如果运营者不善于扬长避短，便会给公司带来筹资风险。

（4）现金风险

现金风险主要表现在：只关注企业主要财务指标，如资产负债率、净资产收益率等，而忽视了指标下实际隐藏的问题；固定资产投资过多，降低企业变现能力，导致资金沉淀等。

（5）持续运营风险

在企业的长期运营中，原材料价格、劳动力水平、消费者偏好等都会随着时间的变化而变化，时间越长，企业面临的不确定性就越大。此时，持续运营风险就会降临。

3. 市场营销风险

所谓市场营销风险，就是指企业营销活动的不确定性对营销目标的影响。

按不同的标准，营销风险有许多种分类。我们这里重点选择几个主要标准对营销风险进行分类。

（1）按市场营销风险形成的原因分类

①营销实质风险

营销实质风险是指由于有形实质性风险因素引起的风险，如因保管不慎造成的货物损失，货物运输中因道路不好造成的货物破损等。

②营销道德风险

营销道德风险是指在营销业务过程中，由于营销人员的恶意行为或不良企图等道德问题，故意促使营销风险事故发生或损失扩大，从而发生的营销风险。

③营销心理风险

营销心理风险是指由于营销人员主观上的疏忽与过失，导致增加营销风险事故发生机会或扩大损失程度，从而为企业活动带来损失的风险。

（2）按市场营销风险的损害对象分类

①营销人身风险

营销人身风险是指营销人员因早逝、疾病、残疾、跳槽或年老而使所供职的企业遭受损失的不确定性状态。

②营销责任风险

营销责任风险是指营销人员因过失或侵权行为造成他人的财产损失或人身伤亡，在法律上必须负有经济赔偿责任的不确定性状态。

③营销财产风险

营销财产风险是指货物财产发生损毁、灭失和贬值的风险，如企业拥有或保管的货物财产存在着发生损害、减少和贬值的风险。

（3）按营销活动的内容分类

①需求变化风险

需求变化风险是指由于消费需求变化，造成产品不能适销对路，从而给企业市场营销带来的风险。

②营销环境风险

营销环境风险是指由于营销环境的变化，给企业营销决策带来困难，一旦决策失误便会为企业带来风险。

③竞争对手风险

竞争对手风险是指由于意外原因，使得竞争对手在市场竞争中明显处于优势，相比之下，便有被竞争对手挤出市场的风险。

4. 财务风险

财务风险是指在企业的各项财务活动中，由于内外部环境及各种难以预计或无法控制的因素，在一定时期内使企业的实际财务收益与预期财务收益发生偏离并造成损失的可能性。

企业的财务风险分为广义的财务风险和狭义的财务风险两种。

（1）广义的财务风险

广义的财务风险包括了企业在进行财务活动过程中的融资风险、投资风险、资金收回风险、收益分配风险、信用风险等。

（2）狭义的财务风险

狭义的财务风险是指企业在运营活动中与筹资有关的风险，尤其是指在筹资活动中利用财务杠杆可能导致企业股权资本所有者收益下降甚至破产的风险。

5. 信息风险

信息风险，是指在企业日常生产经营活动中，由于信息内部和外部的原因，使得企业在获取、使用或者传递信息的过程中对企业战略实施能力产生负面影响，提高企业遭受损失的可能性。信息风险虽不属于企业的职能风险，但是它存在于企业的所有职能活动过程中，需要我们重点对待和处理。

（1）企业信息过多引起的信息风险

网络的出现可使企业获取更多信息。当企业信息多到一定程度时，信息处理会更加复杂也会更加困难，此时就会引起企业信息风险。

（2）提供虚假信息引起的信息风险

虚假信息来自企业内部和外部两个方面。最常见的企业内部虚假信息主要是会计虚假信息，这些虚假信息会引起信息风险。

（3）信息遭受攻击引起的信息风险

黑客通过木马、蠕虫等病毒攻击手段，破坏企业办公系统、窃取企业核心数据、篡改公司网站信息、截获公司邮件等。这些攻击行为都会引起信息风险，对企业运行造成巨额损失。

（4）企业内部人员引起的信息风险

企业信息的接触传播者主要是内部员工，他们大多会依据自身需求考虑或者凭个人主观判断将加工后的信息向外传播，此时就会产生甚至放大企业信息风险。

（二）企业其他风险

企业风险划分标准有很多种，除了从企业职能角度划分之外，我们还可以从如下两个方面划分企业风险。

1. 按风险的环境划分

按照风险所处的环境不同，风险可以分为静态风险和动态风险，如表 2-1-1 所示。

表 2-1-1　按风险的环境划分风险

按风险的环境划分	举例
静态风险	呆账、破产、交通事故、工业伤害等
动态风险	通货膨胀、汇率风险、罢工、暴动、消费者偏好等

（1）静态风险

静态风险是指在社会政治经济环境正常的情况下，由于自然力的不规则变动和人们的错误判断和错误行为所导致的风险。如呆账、破产、交通事故导致人的死亡、残疾或疾病，以及火灾、工业伤害等意外事故均属静态风险。

（2）动态风险

动态风险是指与社会变动有关的风险，主要是由人们欲望的变化、生产方式和生产技术以及产业组织的变化等所引起的风险。例如，通货膨胀、汇率风险、罢工、暴动、消费者偏好改变、国家政策变动等均属于动态风险。

静态风险和动态风险的主要区别在于：第一，对于社会而言静态风险可能导致实实在在的损失，而动态风险并不一定都将导致损失，即它可能对部分社会个体（经济单位）有益，而对另一部分的经济个体造成实际的损失；第二，从影响范围来看，静态风险一般只对少数社会成员（个体）产生影响，而动态风险的影响则较为广泛；第三，静态风险对个体而言，风险事故的发生是偶然的、不规则的，但就社会整体而言，其具有一定的规律性，相反，动态风险很难找到规律。

2. 按形成风险的原因划分

按形成风险的原因可以划分为自然风险、经济风险、政治风险、社会风险和技术风险，如表 2-1-2 所示。

表 2-1-2　按风险的成因划分风险

按风险成因划分	举例
自然风险	洪水、风暴、地震、暴风雨、森林火灾等
经济风险	企业生产规模的增减、价格的涨落、运营的盈亏等
政治风险	国际政治风云变幻、国内政治、政策的改变等
社会风险	盗窃、抢劫、玩忽职守及故意破坏等
技术风险	技术研发、技术替代等

（1）自然风险

由于自然因素的不确定性给企业带来的风险称为自然风险，如洪水、风暴、地震、暴风雨、洪水和火灾等。这种风险通常是灾难性的，多数情况是人力无法抗拒的。

（2）经济风险

由于与企业生产运营活动相联系的各种经济因素的不确定性，尤其是指在生产和销售等运营过程中，由于受各种市场供求关系、经济贸易条件等因素变化的影响或运营决策失误、对前景预期出现偏差等原因而给企业带来的风险为经济风险。这种风险是企业经常遇到的，它既可以给企业带来获益机会，也可以使企业承受损失。例如，企业生产规模的增减、价格的涨落和运营的盈亏等。

（3）政治风险

这是指在对外投资和贸易过程中，因政治原因或订约双方所不能控制的原因等政治因素变动对企业构成的风险。它既包括国际政治风云变幻，也包括国内政治、政策的改变，如因进口国发生战争、内乱而中止货物进口；因进口国实施进口或外汇管制，对输入货物加以限制或禁止输入；因本国变更外贸法令，使出口货物无法送达进口国，造成合同无法履行等。

（4）社会风险

社会风险指由于个人或团体的行为（包括过失行为、不当行为及故意行为）或不作为使社会生产及人们生活遭受损失的风险，如盗窃、抢劫、玩忽职守及故意破坏等行为将可能对他人财产造成损失或人身造成伤害等。

（5）技术风险

技术风险指由于科学技术的发展给企业带来的风险。这种风险通常是积极的，可为企业发展提供机会，但如果企业不能及时抓住机遇，一味墨守成规，也可能蒙受风险损失。

需要注意的是，自然风险、社会风险、经济风险和政治风险是相互联系、相互影响的，有时很难明确区分。例如，由于人的行为引起的却以某种自然现象表现出来的风险，则本身属于自然风险，但由于它是人们的反常所致，因此又属于社会风险。又如，由于价格变动引起产品销售不畅，利润减少，这本身是一种经济风险，但价格变动导致某些部门、行业不景气，造成社会不安定，这又是一种社会风险。还有，社会问题累积到一定程度便可能演变成政治问题，因此社会风险也酝酿着政治风险。

第二节　企业风险管理的目标与必要性

一、企业风险管理的目标

企业大力推行风险管理，为了什么？目标是什么？首先，企业所实施的任何策略和措施都必须与企业发展的总体目标保持协调和一致，制定企业的风险管理目标也应遵循这一原则，企业风险管理目标作为企业发展总战略的子目标，以其独特的定位而服务于实现企业发展总目标的需求；其次，在企业风险管理目标中应清晰体现企业风险管理的价值取向。以下是企业风险管理目标中一般包括的价值取向。

（一）支持企业长期可持续性发展的目标

在企业的各类发展目标中，只有风险管理目标被赋予了"支持企业长期可持续性发展"的独特目标使命。风险管理是企业"防守学"的基础，是企业为保障健康和持续发展而不得不采纳的系统性治理工程。谈到企业可持续性发展，从字面上就可直观理解：首先企业要懂得保值，其次才能谈得上持续和增值，企业要向风险管理索取"保值和增值的智慧"，从风险管理了解"生存的艺术"。这些智慧和艺术包括：风险管理向企业灌输风险预控的方法、保持商务可持续的策略、风险文化的理念和风险管理应对的手段等。事实上，这些风险管理的过程、方法、手段和策略为企业实现长期健康发展提供了保障基础，这些基础也构筑了企业抗风险能力的基础和企业可持续性发展能力的基础。

（二）将风险控制在可接受范围内的目标

将企业总体风险水平控制在实现企业总体经营目标可接受的范围之内，为企业的关键性风险设置可接受的容忍限度水准，并基于这一水准而设置相应的和严密的控制措施，为企业每一个部门、每一种业务或每一个项目制定风险可接受范围的分解控制目标。显然，只有预先对影响目标实现的相关风险做好管理安排和控制，企业目标的实现才会增加更多的确定性和把握。总之，企业采用一切有效与合理的手段为某一（或某些）特定范围的目标实现而实施对不利风险因素的控制正是企业进行风险管理所应该达到的最基本的目的和应付出的最基本的努力。显然,围绕着目标实现所进行的风险管理使得企业更加有的放矢,不再觉得风险管理是孤立的、神秘的和超越现实的,反而是与企业管理现状紧密结合的,并能为保障企业目标实现提供系统化支持的新方法。

(三)风险与机会、成本与风险收益最优化的目标

风险与机会、成本与风险收益也是企业风险管理目标中包含的独特目标,该目标存在的价值是提醒企业,机遇总是伴随着风险,应增加对风险的了解,才有可能提高抓住机遇的技巧和可能性。不考虑风险的机遇就是冒险,在考虑了风险的基础上再去抓住机遇就能增加获胜的信心。风险成本与风险收益也是同样的道理,当今时代由于我们对风险有了更多的了解,才使得对风险成本的计算成为可行,也使得对风险收益的掌握更有意义,并使得相应的决策更为正确。

(四)提高企业应变能力的目标

"变革"本身就具有两重性:变革带来的机遇和变革结果不确定性风险。抓住变革中机遇的意义已在上述风险、机遇目标中陈述,而把控变革中的风险所需要的技巧更需要风险管理技术和措施的支持。比如说风险管理的预测技术和模拟技术,再比如风险管理中的预警技术就是对可能的变化给予早期的预警信号,风险管理的商务持续计划就是应对一旦变化不利而马上应有的反应措施。因此,企业在风险管理中所发展和完善的这些方法和技术为企业在变化莫测的世界中提高应变力提供了扎实的基础。

(五)提升企业核心竞争力的目标

什么是企业核心竞争力的组成要素?它主要包括核心产品的竞争力、核心资源的竞争力、持续的竞争力、对新产品和新市场的开拓能力、获取新机遇的能力、对市场保持稳定性和对消费者保持忠诚度的把握与控制能力。新经济背景下,在企业走进企业风险管理(Enterprise Risk Management,ERM)的时代后,企业核心竞争力所包含的要素与传统说法相比扩大了其覆盖范畴。导致范畴扩大的因素就是企业风险管理能力要素的形成,企业风险管理能力成为企业核心竞争力内容的

重要部分，或者企业的风险管理能力的形成改变了企业核心竞争力的格局。

企业风险管理能力的提高，增加了企业对风险的了解程度。由于不同企业对自身风险了解程度的不同，使得对风险有深度把控能力的企业能够有能力思考，在建立企业核心产品竞争力方面使用已掌握的风险管理技术，这已是目前风险敏感型行业，如金融行业的流行做法。例如，目前银行业的新产品开发基本上趋于使用风险计算或风险模拟等技术，某些近 20 年发展壮大的跨国银行，如信孚银行等正是依靠风险管理的秘密技术而发展壮大起来的。

ERM 理论和实践产生后，许多大型企业风险管理能力逐步形成和提高。已建立风险管理能力的企业在提高核心产品竞争力方面（如通过降低风险成本），在管理风险与抓住机遇的能力方面，在基于风险调整的新产品开发方面，在保持和增进市场份额等方面已展示出以前所不曾具有的竞争优势。由于企业风险管理技术的复杂性、保密性、成本可观性和各具特性的特点，使得已建立风险管理能力的企业与尚未形成风险管理能力的企业相比就多出了风险管理能力这一新的资源竞争力，或者说凡是形成了一定风险管理能力的企业就形成了一种新的竞争资源和竞争壁垒。显然，构建企业的风险管理能力是 21 世纪企业构筑核心竞争力的新亮点。

（六）支持提高企业绩效最优化的目标

提高企业业绩最优化的目标将随着企业风险管理能力水平的提高而实现，然而测度风险管理究竟对企业层面的绩效能够产生怎样的影响，则必须以企业能够度量总体风险度为前提，当企业能够达到度量总体风险度水平时，标志着企业的风险管理能力已经达到相当的高度。实施风险管理以支持提高企业业绩，这正是"管理风险，创造价值"的象征，其最终欲达到的目的是，在企业设定的风险控制水平上，提高企业整体预期收益和保持持续稳定的预期收益，令股东满意。

20 世纪 90 年代末期，ERM 研究和应用开始转向与绩效最优化的紧密联系，实践也渐渐证明风险管理的确能支持企业盈利能力和业务的发展。如今企业将风险管理与企业业绩进行综合评价分析的例子已较为常见。主要包括，一是用风险管理技术支持和影响产品定价；二是测度风险成本对绩效的影响，因为企业高收益项目或产品往往携带高风险，如评估该项目或产品的确切收益就应进行风险调整；三是测度风险变化对企业业绩的影响，如进行敏感性分析，以降低收益的波动性；四是度量不同风险策略的实施对企业的绩效影响，以选择最佳策略；五是把风险管理与关键业绩指标结合起来，有些企业在其平均记分卡上为每个关键业绩指标画出风险图或者目标风险图，以采取相应的措施减小或消除可能的损失影响；六是近年来不少企业正在尝试将风险调整资本收益率用于企业并购等关键战略的决策，另外经济创收和股东增加值模型等也常被用于企业绩效最优化的目标。

二、企业风险管理的使命和任务

（一）企业风险管理的使命

亚洲风险与危机管理协会名誉会长詹姆斯·林在高度总结风险管理目标和作用的基础上，提出企业全面风险管理的三项使命，即弱势最小化、减小不确定性和绩效最优化。

第一，弱势最小化管理。从 20 世纪中期开始的传统风险管理一直专注于对不利风险的研究，首先致力于防卫性损失最小化管理，发展到 20 世纪 80 年代致力于弱势最小化管理。这一特点奠定了风险管理时至今日的防守学基础。

第二，管理不确定性。20 世纪 70 年代后期开始的较为明显的经济全球化趋势，市场呈现出更多的不确定性，与之相伴的是石油价格波动、汇率波动和通货膨胀等风险因素，这些波动和不确定性令投资者越来越难以忍受，也由此令企业和相关研究部门增加了越来越多对管理不确定性的研究动力和研究投入。衍生产品和保险产品的应时发展为管理不确定性提供了越来越多的对冲工具，另外 90年代后期支持不确定性分析、计算和预测的高科技手段也发展得日趋成熟，这些风险管理的手段与技术在支持不确定性管理研究和应用方面起到了突出作用。

第三，绩效最优化管理。风险管理不仅能为企业防守学的构建提供基础，也定能支持企业的盈利能力和绩效最优化。90 年代末期，企业开始将风险管理与企业业务进行密切结合，同时利用某些绩效计量方法，如风险调整资本收益率来计量企业的盈利能力并为其他关键战略决策作支持。

显然，上述三种使命各具千秋，泾渭分明，形成互补，分别代表了风险管理在促进企业保值和增值方面所具有的宽泛的触角和能量，总体上形成了一种推动企业决策最优化和价值最大化的动力。

（二）企业风险管理的任务

ERM 时代，企业风险管理的任务可归类为三个层面，通常不同的风险责任人在其工作岗位上具体执行其中一个层面的任务，由于企业不同种类风险的特性一般差异较大，特别是在企业中管理投机性风险与管理纯风险的技能往往差异极大，使得企业不同的风险责任人之间很难实现专业上的互通。因此，实现企业整体风险管理就需要企业以风险责任人为代表的不同风险管理团队的分工、协作和联手，并需要风险管理部门的系统性指导与整合才能完成。显然，整合风险管理是企业各级风险管理相关负责人员要完成的总体任务。

（1）第一个层面（分支任务）：管理企业纯风险或者称管理企业负面风险，风险责任人负责，风险管理部指导。

① 不断更新纯风险管理的技术和手段，通过实施各种策略努力减小纯风险带来的损失。

② 从风险关联性角度和 ERM 角度提升对纯风险的识别和管理水平。

（2）第二个层面（分支任务）：管理企业有利可图的投机性风险或者称管理企业正面风险，风险责任人负责，风险管理部指导。

① 识别企业有利可图的风险。

② 在风险管理策略和资源分配上支持对企业盈利能力产生正面作用的风险管理。

（3）第三个层面（总体整合任务，整合第一个层面和第二个层面的任务）：整合与系统性风险管理。董事会批准，企业经营层负责执行，风险管理部门负责具体实施（或风险管理委员会代管，或某一职能部门兼职代管），风险责任人支持，全员参与。

① 确立企业风险管理总体目标。

② 建立风险管理的组织结构，理顺风险管理的责任。

③协调和指导各部门和各业务单位制定风险管理的分解目标。

④在企业层面整合与协调上述纯风险管理与投机性风险管理的任务。

⑤识别影响企业目标实现的风险。

⑥识别企业层面关键性风险，利用风险管理的对策管理关键性风险。

⑦不断提高对关键性风险的度量水平。

⑧识别那些过去从没能够（没能力）发现的重要风险，并加以管控。

三、企业风险管理的必要性

事实证明，所有的企业都面临着风险，风险是一种客观存在。而幸运的企业可以通过一套比较全面的风险管理系统，屏蔽掉潜在的风险，或者尽量使其弱化或最小化，只是经历一些较小的问题或有惊无险的冲击，之后依然能够正常经营、发展和进步。风险管理的主旨不在于消除风险，因为那样只会把获得回报的机会浪费掉。风险管理所需要做的应该是对风险进行管理，降低纯粹风险发生的频率和可能带来的损失，把握投机风险可能带来的机会，而尽可能地回避其可能带来的损失。

（一）风险管理有助于企业做出合理的决策

一方面，风险管理为经济主体——企业划定了行为边界，约束其扩张的冲动。企业作为市场的参加者必须在风险和收益之间做出理智的权衡，从而避免将社会资源投入到重大风险、缺乏现实可行性的项目之中。风险管理对市场参加者的行为起着警示和约束作用。另一方面，风险管理也有助于企业把握市场机会。通常，市场风险多是双向的，既存在可能的风险损失，也存在可能的风险收益。因此，在市场上，时刻都有大量风险的客观存在，同时也带来了新的机遇。如果企业能够洞察市场供求状况及影响市场的各种因素，预见市场的变化趋势，采取有效、科学的措施控制和防范风险，同时果断决策、把握机会，就有可能获取可观的收益。

（二）风险管理可以降低企业效益的波动

风险管理的目标之一是降低公司收益和市值对外部变量的敏感性。例如，市场风险管理比较完善的公司，其股票价格对市场价格变动就可以显示出较低的敏感性，不至于因为整个市场价格下跌，其股价市值造成大幅度的缩水；手中持有外汇资产或负债的公司，如果在风险管理方面做得比较出色，就可以显示出其外汇资产的价值、收益或负债成本对市场汇率变动较低的敏感性，这些都是由实证得出的结论。总之，受到利率、汇率、能源价格和其他市场变量的影响，公司通过风险管理能更好地管理收益波动。

（三）风险管理可以提升股东价值

承担基于风险的股东价值管理项目的公司大都认同风险管理和经营最优化可以增加 20%~30% 或更多的公司价值，这也是由实证得出的结论。弗吉尼亚大学的乔治·阿莱亚斯（George Allayannis）与詹姆斯·威斯通（James Weston）在1998 年的一项研究中支持了这一看法。他们比较了 1990—1995 年积极从事市场风险管理的公司的市值与面值的比率，结果发现更积极地从事市场风险管理的公司得到了市值平均 20% 的回报。风险管理不仅使个别公司增值，而且通过降低资本费用和减少商业活动的不确定性来支持经济的全面增长。

（四）风险管理有助于增加公司机构效率

大多数公司都拥有风险管理和风险监督职能部门，如财务部、审计部及合规部等。此外，有的公司还有特别风险管理单位。例如，投资银行通常有市场风险管理单位，而能源公司则有商品风险管理经理。风险总监的任命和企业全面风险管理职能部门的设立为各个部门有效地工作提供了自上而下的必要协调。一个综合团队可以更好处理的，不仅是公司面临的各个单独的风险，也应包括由这些风险之间的错综复杂关系构成的风险组合。

此外，随着市场体系和各种制度建设的日益完善，迫使企业进行风险管理的社会压力也日益增加。直接的压力来自有影响力的权益方，如股东、雇员、评级机构、市场分析专家和监管机构等。他们都期望收益更有可预测性，以避免和控制自己的风险，减少对市场的破坏性。

近些年，随着经济计量技术和计算机模拟技术的迅速发展，基于波动率的模型，如风险价值模型和风险调整资本收益率模型，已经用来计量公司面临的各种市场风险，而且这一应用现在正在推广到信用风险及运营风险中。

第三节 企业风险管理的组织与文化

一、企业风险管理的组织体系

（一）风险管理组织体系和企业目标的关系

建立完善的风险管理组织体系的目的是保证企业风险管理目标的实现，保证企业在可承受的风险水平下运行，从而保证企业战略目标的实现（图 2-3-1）。各个企业的风险管理目标是根据本企业的实际情况而确定的，如战略定位和发展阶段的不同，所确定的目标会有所不同。但一般企业风险管理的主要目标包括确保企业生存和风险管理成本最小化。生存是企业的基本保障，只有生存下去了才能去实现企业的其他目标。风险管理就是以最小的代价降低企业风险，所以，风险管理成本最小化也是风险管理目标的一部分。

除了上述两个主要目标，企业风险管理一般还包括保证资源在损失后的充足性，满足法律与合同的义务，等等。风险管理组织体系就是为了实现企业的这些风险管理目标所设计的，企业风险管理组织体系为企业完善风险管理提供了基础。

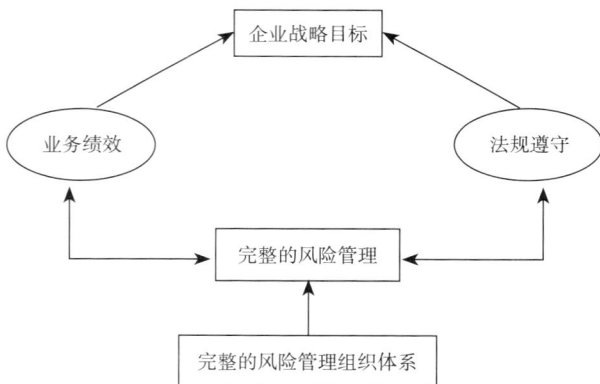

图 2-3-1 风险管理组织体系和企业目标的关系

（二）风险管理组织体系标准

风险管理组织体系的设计既是一门艺术，又是一门科学，各个企业根据自身的具体情况选择适合自己的风险管理组织体系。人们仍然需要适宜的决策机构来破除许多企业中风险管理责任空缺和重叠的僵局。关键是要在现有的管理组织结构的基础上发展，并把企业的经营模式、目标、文化和风险承受能力等因素纳入考虑的范围。在中小企业中，风险管理组织机构可以像执行委员会那样简单，通过行使管理特权来进行风险识别、风险评价、任命风险责任人、分析风险形成原因、批准行动计划和监督执行结果。但是，在规模较大且复杂的企业中，则需要设立风险管理总监和独立的风险管理委员会。

建立完善的风险管理组织体系首先要认识企业经营的战略目标，在企业目标的基础上制定企业风险管理的目标。企业风险管理组织体系的建立主要是为企业提供有效的预警机制及迅速的反应能力，也为企业提供可靠的业务资讯。企业风险管理组织体系的建立要注重员工行为的改变，使得员工的行为更加有利于企业风险管理的需要，同时要保持精简的企业风险管理组织结构。风险管理组织体系的建立要求根据企业承担风险的意愿，综合运用财务、运营和法规等基本的监督方式，还要注重企业内部的全面咨询，运用持续的监控策略来实现企业风险管理的目的。

（三）企业风险管理组织体系构成要素

1. 独立董事

（1）独立董事概述

所谓独立董事（Independent Director），是指独立于公司股东且不在公司中内部任职，并与公司或公司经营管理者没有重要的业务联系或专业联系，对公司事务做出独立判断，监督公司内部董事或执行董事的外部董事和非执行董事。中国证监会在《关于在上市公司建立独立董事制度的指导意见》（以下简称《指导意见》）中认为，上市公司独立董事是指不在上市公司担任除董事外的其他职务，并与其所受聘的上市公司及其主要股东不存在可能妨碍其进行独立客观判断关系的董事。

独立董事的地位是完全独立的，不能影响其客观、独立地作出判断关系，而保证他在公司发展战略、运作、经营标准以及其他重大问题上做出自己独立的判断。他既不代表主要出资人尤其是大股东，也不代表公司管理层。

独立董事的职责是，独立董事对上市公司及全体股东负有诚信与勤勉义务。独立董事应当按照相关法律法规、《指导意见》和公司章程的要求，认真履行职责，维护公司整体利益，尤其要关注中小股东的合法权益不受损害。独立董事应当独立履行职责，不受上市公司主要股东、实际控制人或者其他与上市公司存在利害关系的单位或个人的影响。独立董事原则上最多在5家上市公司兼任独立董事，并确保有足够的时间和精力有效地履行独立董事的职责。

（2）独立董事在董事会中的法律特征

国资委《中央企业全面风险管理指引》中要求中央企业、其他国有独资公司和国有控股公司，应建立外部董事、独立董事制度，外部董事、独立董事人数应超过董事会全部成员的半数，以保证董事会能够在重大决策、重大风险管理等方面做出独立于经理层的判断和选择。

① 独立性

一是法律地位的独立。独立董事是由股东大会选举产生，不是由大股东推荐或委派，也不是公司雇佣的经营管理人员，他作为全体股东合法权益的代表，独立享有对董事会决议的表决权和监督权；二是意愿表示独立。独立董事因其不拥有公司股份，不代表任何个别大股东的利益，不受公司经理层的约束和干涉，同时也和公司没有任何关联业务和物质利益关系。因此，他能以公司整体利益为重，对董事会的决策做出独立的意愿表示。

② 客观性

独立董事拥有与股份公司经营业务相关的经济、财务、工程、法律等专业知识，勤勉敬业的执业道德，一定的经营管理经验和资历，以其专家型的知识层面影响和提高了董事会决策的客观性。

③ 公正性

与其他董事相比而言，独立董事能够在一定程度上排除股份公司所有人和经理人的"权""益"干扰，代表全体股东的呼声，公正履行董事职责。

独立性是独立董事的基本法律特征，客观性和公正性都产生于独立性的基础之上，而客观性和公正性又保证了独立董事在股份公司董事会中依法履行董事职务的独立性。

（3）独立董事制度在企业风险管理方面的作用

① 提高了董事会对股份公司的决策职能

通过修改《公司法》和《证券法》，制定独立董事制度，明确独立董事的任职条件、独立董事的职责、独立董事在董事会成员中的比例以及对股份公司应承担的法律责任等条款，保障了独立董事依法履行董事职责。独立董事以其具有的专业技术水平、经营管理经验和良好的执业道德，受到广大股东的信任，被股东大会选举履行董事职责，提高了董事会的决策职能。

独立董事制度的确立，改变了股份公司董事会成员的利益结构，弥补了同国有资产管理部门、投资机构推荐或委派董事的缺陷和不足。我国《公司法》虽然在"股份有限公司的设立和组织机构"一章的第九十二条和第一百零三条中，分别授予创立大会和股东大会"选举董事会成员"的职权，但由于没有具体规定董事的专业资格条件，而在实践中一般参照第六十八条国有独资公司董事"由国家授权投资机构或者国家授权的部门按照董事会的任期委派或更换"的规定，由股份有限公司发起人等公司大股东按出资比例推荐或委派。导致了股东资本的多少直接决定了董事的任免。大股东通过股东大会决议操纵或左右董事会就不可避免，董事往往成为大股东在公司和董事会利益的代言人也就顺理成章。公司股东会对董事的选举实际上成为大股东按出资比例对董事的委派。独立董事制度改变了董事会内部的利益比例结构，使董事会决策职能被大股东控制的现象得以改善。独立董事制度的确立，改变了股份公司董事会成员的知识结构。《公司法》在董事会组织结构中，对董事会组织的人数，选举产生的程序、方法和一般资格条件做了规定，但对董事应当具备的专业资格条件却没有明确。《创业版股票上市规则》不但明确规定了独立董事应当具备的条件，而且还规定了不得担任独立董事的禁止性条款，对独立董事的任职条件从选举程序、专业知识、工作经历、执业登录和身体条件等方面都进行了规范，从而保证了独立董事参加董事会议事决策的综合素质，弥补了董事会成员专业知识结构不平衡的缺陷，提高了董事会决策的科学性。

同时，通过法律赋予独立董事的独立职权，也从董事的善管义务、忠实义务方面要求和督促其从维护全体股东的合法权益出发，客观评价股份公司的经营活动，尤其是敢于发表自己的不同意见，防止公司经营管理层操纵或隐瞒董事会的违法、违纪行为，为董事会提供有利于股份公司全面健康发展的客观、公正的决策依据。

②增强了董事会对股份公司经营管理的监督职能

从 1984 年我国开展股份制改造试点工作以来，我国沪、深两市上市公司已逾千家，股票总市值超过 4 万亿元，约占国内生产总值的 50% 左右。我国先后制定颁布了以《公司法》《证券法》为体系的证券法律、法规和制度 300 多部，对于建立现代企业制度，保障社会主义市场经济的发展起到了积极作用。但是，我们也应该看到，由于我国还处在市场经济发展的初期，公司法律制度尚未完全建立健全，法人治理机制还没有完全摆脱"人治"的影响。其中最突出的表现之一就是相当一部分由上级行政主管部门或投资机构推荐委派担任股份公司的董事，往往成为大股东在公司董事会中的代言人，只代表其出资方的利益，没有体现股份公司"股东利益最大化"的基本特征。如震动证券市场的"郑州百文"现象，关键问题之一就是由于股份公司董事会制度不完善，缺少超脱于公司利益之外的独立董事，使公司经营者集决策、经营大权于一身。股东会、董事会和监事会有名无实，形同虚设，成为企业管理层的"橡皮图章"，失去了对股份公司经营管理的有效监督，从而导致了企业经营的严重亏损，损害了广大投资者的合法权益。

③有利于股份有限公司两权分离，完善法人治理机制

股份公司实现所有权与经营权的分离的关键，就是如何在建立和完善适应两者之间相互制衡的法律制度的基础上，保护股份公司的整体利益。同时，这也是现代公司制度的精髓所在，是股份制公司推动社会主义市场经济发展和科学进步的组织保证。

独立董事制度改变了由政府任命、主管机关推荐或委派董事的董事会组成方式。独立董事不是公司的股东，不具有股份公司的所有权，但依照法律规定享有代表全体股东行使对公司经营管理的决策权和监督权。从法律制度、组织机构两个方面保证了股份公司所有权与经营权的分离：一是在公司法人治理结构中，由于独立董事参与董事会决策，对于董事会始终处于股份公司枢纽地位，对公司生存和发展起到了更好的监督作用，避免董事会更多地陷入公司的具体事务性工作

提供了保证；二是在股份公司法人治理结构中，设立独立董事制度对于完善董事会内部的组织结构，股东会、董事会和经营管理层三者之间的分工协调关系，提供了组织机构上的保障。公司法理认为，表决权是股份公司股权制度的核心，而股东权益的最终实现就体现在董事对公司经营决策权的表决权和监督权上，独立董事制度是防止股份公司"所有者缺位"和"内部人"控制的有效手段之一。

独立董事在董事会中的特殊作用不仅代表了市场经济竞争的公正和公平性，同时，也标志着现代公司法律制度的完善程度。因此，修改《公司法》，建立独立董事制度势在必行。

2. 董事会

（1）董事会及其特征

董事会是由董事组成的，对内掌管公司事务、对外代表公司的经营决策机构。公司设董事会，由股东会选举。董事会设董事长一人，副董事长一人，董事长、副董事长由董事会选举产生。董事任期三年，任期届满，可连选连任。董事在任期届满前，股东会不得无故解除其职务。

董事会是依照有关法律、行政法规和政策规定，按公司或企业章程设立并由全体董事组成的业务执行机关。具有如下特征。

董事会是股东会或企业职工股东大会这一权力机关的业务执行机关，负责公司或企业和业务经营活动的指挥与管理，对公司股东会或企业股东大会负责并报告工作。股东会或职工股东大会所做的决定公司或企业重大事项的决定，董事会必须执行。

我国法律分别对有限责任公司和股份有限公司的董事人数做出了规定。《公司法》第四十五条规定，有限责任公司设董事会，其成员为 3~13 人。《公司法》第五十一条规定，有限责任公司，股东人数较少或规模较小的，可以设一名执行董事，不设董事会。《公司法》第一百零九条规定，股份有限公司应一律设立董事会，其成员为 5~19 人。

（2）董事会的职责

董事会是股份公司的权力机构，企业的法定代表，又称管理委员会、执行委员会。由两个以上的董事组成。除法律和章程规定应由股东大会行使的权力之外，其他事项均可由董事会决定。公司董事会是公司经营决策机构，董事会向股东会负责。

董事会的义务主要是：制作和保存董事会的议事录，备置公司章程和各种簿册，及时向股东大会报告资本的盈亏情况和在公司资不抵债时向有关机关申请破产等。

股份公司成立以后，董事会就作为一个稳定的机构而产生。董事会的成员可以按章程规定随时任免，但董事会本身不能撤销，也不能停止活动。董事会是公司最重要的决策和管理机构，公司的事务和业务均在董事会的领导下，由董事会选出的董事长、常务董事具体执行。

（3）董事会的类型

董事一般分为执行董事（常务董事）和非执行董事。一般来说，执行董事是那些全职负责公司管理的人。而非执行董事是那些从外部引入的有丰富经验的专家，他们使公司的决策基于更加客观的角度。很多在 2000 年左右重组的公司，都刻意增加非执行董事的人数和职权，因为人们普遍相信一个更加客观的角度能限制公司结构臃肿和盲目自大，也能减少公司丑闻的发生。这种观点并不新鲜，和英国的凯德伯瑞（Cadbury）委员会于 1992 年提出的建议很相似。

在实际情况中，执行董事普遍倾向于让更多熟悉公司业务的人进入董事会。另外有些公司的工会影响力较大时，亦会借由与资方的团体协约或是公司章程内明定由工会推派一定数目的劳工董事（工会董事）进入董事会，以保障劳方的权益。

在一些国家，也把那些不是董事的实权人物称为影子董事。影子董事是指虽然不是董事，但是实际行使董事职权的人（很多是因为他们自以为已经获得了适当的授权）。影子董事不是董事，但是却不经合理途径去控制公司。

全美董事联合会咨询委员会将公司治理的目标定义如下：公司治理要确立公司的长期战略目标和计划，以及为实现这些目标而建立适当的管理结构（组织、系统、人员），同时要确保这些管理结构的有效运作以保持公司的完整和声誉，以及对它的各个组成部分负责任。

全美董事联合会咨询委员会的这个定义实际上是将公司的董事会看作治理结构的核心，是针对不同类型的董事会功能而言的。全美董事联合会咨询委员会根据功能将董事会分成四种类型。

①底限董事会

仅仅为了满足法律上的程序要求而存在。

②形式董事会

仅具有象征性或名义上的作用，是比较典型的橡皮图章机构。

③监督董事会

检查计划、政策、战略的制定、执行情况，评价经理人员的业绩。

④决策董事会

参与公司战略目标、计划的制定，并在授权经理人员实施公司战略的时候按照自身的偏好进行干预。

3. 风险管理委员会和审计委员会

（1）风险管理委员会

具备条件的企业，董事会应下设风险管理委员会。该委员会的召集人应由不兼任总经理的董事长担任；在董事长兼任总经理的情况下，召集人应由外部董事或独立董事担任。该委员会成员中需有熟悉企业各项业务流程的董事，以及具备风险管理监管知识或经验的董事。风险管理委员会对董事会负责，向董事会提交风险管理决策和报告，主要履行以下职责。

①提交全面风险管理年度报告。

②审计风险管理策略和重大风险管理解决方案。

③审议重大决策、重大风险、重大事件和重要业务流程的判断标准或判断机制，以及重大决策的风险评估报告。

④对企业风险及管理状况和风险管理能力及水平进行评价，提出完善企业风险管理和内部控制的建议。

⑤审议内部审计部门提交的综合性的风险管理监督评议审计报告。

⑥审议风险管理组织机构设置及其职责方案。

⑦办理董事会授权的有关全面风险管理的其他事项。

（2）审计委员会

企业还应在董事会下设审计委员会。一般而言，企业审计委员会应由熟悉企业财务、会计和审计等方面专业知识并具备相应业务能力的董事组成，而其中主任委员需要由外部董事担任。审计委员会的关注焦点历来仅限于公开的财务报告风险，但是这种有限的关注范围随着时间的推移也可能会有所拓宽。纽约证券交易所的上市要求有明确规定：审计委员会章程在界定审计委员会的义务和责任时，应该规定审计委员会必须讨论管理层反映出的风险评估和管理的各项政策。风险评估是内部控制的一部分内容，评价内部控制就必然会以风险作为基础，因此，审计委员会可能会询问这个流程是否有效。涵盖全企业的风险评估流程也是实施企业风险管理的有效开端。在与高级管理层讨论风险评估和风险管理时，审计委员会应当做到以下几点。

①讨论公司是否面临可能会影响品牌形象和声誉的风险（如灾难性损失、舞弊行为、非法行动、诉讼纠纷等）。

②了解管理层对财务报告风险的评估情况，询问外部审计师是否认同内部评估的结果。

③了解能诱发重大风险的财务报告方面的薄弱环节，如准备金、负债、估值、计算值和需要做出重大判断的披露领域。

④了解财务报告方面的风险，监督工作的落实程度。

⑤了解内部审计师的风险评估和根据该评估而制定的审计计划。

⑥询问有无经理人员负责关键风险的识别、评估、管理和监督工作，询问委员会是否应经常同这些经理开会，讨论其活动对公众报告及财务报告的影响意义。

⑦了解管理层的企业风险评估结果及其对公众报告的财务报告的影响意义。审计委员会还负责指导监督企业内部审计部门，内部审计部门对董事会负责，其审计报告经审计委员会报董事会（或主要负责人）。内部审计部门在风险管理方面，主要负责研究提出全面风险管理监督评价体系，制定监督评价相关制度，开展监督与评价，并出具监督评价审计报告。在风险管理方面，企业内部审计部门具有以下职能。

①对企业的财务收支、财务预算、财务决算、资产质量、经营绩效及其他有关经济活动进行审计监督。

②对企业采购、产品销售、工程招标、对外投资等经济活动和重要经济合同

进行审计监督。

③对企业全面风险管理系统的合理性、系统性和有效性进行检查、评价和反馈，对企业有关业务的经营风险进行评估和意见反馈。

④将内部审计结果反馈董事会及其他相关机构。

内部审计参与企业风险管理具有一定的优势。首先，内部审计能够摆脱部门之间的利益冲突，较为客观全面地评价企业风险。其次，内部审计人员能够充当企业风险策略和各种决策之间的协调人，控制和指导风险策略。再次，由于内部审计独立于企业管理部门，其评价和结论可以直接向董事会报告，故比其他职能部门具有更大的影响力。最后，内部审计较外部审计而言具有更强的责任感，往往会就某个风险问题深入探讨分析，了解其发生的根源，探索其解决的办法。然而，由于内部审计在独立性上较外部审计具有先天的不足，所以审计委员会还必须借助外部审计师的力量，对企业风险进行评估，以降低企业的风险。

（3）总经理（风险管理总监）

总经理对企业全面风险管理工作的成果向董事会负责，为企业的风险管理工作确定基调。总经理或总经理委托的高级管理人员，负责主持全面风险管理的日常工作，并负责拟订企业风险管理组织机构的设置及其职责方案。总经理在企业风险管理中的主要职责有以下几点。

①组建并管理企业风险管理职能部门，任命风险管理总监（风险经理或首席风险官）。

②安排业务职能部门的职责分工，并制定风险汇报和审批机制。

③负责设计、操作及监督风险管理系统。

④审批非重大决策的评估报告。

⑤落实董事会有关风险决策和方案。

⑥组织日常风险监督和改进工作。

⑦就风险管理工作计划和结果向董事会汇报。

随着企业面临风险的日益扩大，风险管理工作的重要性也与日俱增。总经理往往需要委任一名风险管理总监（风险经理或首席风险官）全面负责企业风险管理日常工作，如我国的股份制银行一般设有首席风险官。风险管理总监（风险经理或首席风险官）在国外企业中由来已久，是现代企业管理中重要的高级管理人员，是公司重要的战略决策制定者和执行者之一。他们的工作将根据董事会、股东大会的要求，对总经理或总经理授权的副总经理负责，并根据其职责协助总经理开展工作。其职责是负责组织制定并具体执行企业全面风险管理政策和控制措施，负责建立涵盖战略风险、财务风险、市场风险、运营风险和法律风险等在内的全面风险管理组织架构。同时，风险管理总监（风险经理或首席风险官）将作为牵头人参加风险决策的评估和审批工作，确保企业按照风险控制流程进行风险管理，确保各项经营业务符合有关法律、法规和政策的要求等。风险管理总监（风险经理或首席风险官）的主要职责有以下几点。

①确立和传达企业的风险管理目标。

②确定和实施适宜的企业风险管理基础设施（包括风险政策、度量指标、汇报和监督渠道）。

③建立并促进适宜的企业风险管理方法、工具和技术的运用。

④推动全企业的风险评估，监督企业风险管理的实施。

⑤向董事会、风险管理委员会、审计委员会和总经理等高级管理层进行适宜的风险汇报。

（4）风险管理职能部门

企业应设立专职部门或确定相关职能部门履行全面风险管理的职责。该部门对总经理或其委托的高级管理人员负责。风险管理部门对包括生产、销售、财务、人力资源、研发等在内的各业务和职能部门运营流程中的各环节进行监控，检查其遵守公司规章制度的情况，并针对各项检查结果，向总经理和风险管理委员会汇报。具体而言，风险管理部主要履行以下职责。

①研究提出全面风险管理工作报告。

②研究提出跨职能部门的重大决策、重大风险、重大事件和重要业务流程的判断标准或判断机制。

③研究提出跨职能部门的重大决策风险评估报告。

④研究提出风险管理策略和跨职能部门的重大风险管理解决方案，并负责该方案的组织实施和对该风险的日常监控。

⑤负责对全面风险管理进行有效性评估，研究提出全面风险管理的改进方案。

⑥负责组织建立风险管理信息系统。

⑦负责组织协调全面风险管理的日常工作。

⑧负责指导、监督有关职能部门、各业务单位，以及全资、控股子企业开展全面风险管理工作。

⑨负责风险管理其他有关工作。

需要明确的是，虽然风险管理部门涉及不同的部门，但是绝不能说风险管理部门可以控制不同部门的风险。实际上，多数企业的风险都是在风险管理部门和各职能部门的共同努力下得到控制并有效管理的。在风险管理部门内部，也会设立不同的专业团队或组织，重点控制和管理某一方面的风险。

（5）其他职能部门及各业务单位

企业的其他职能部门及各业务单位在全面风险管理工作中应当接受风险管理职能部门和内部审计部门的组织、协调、指导和监督，这些部门的管理人员既包括直接运营部门的经理，也包括财务经理等支持部门的管理人员。按照企业层面的风险排序和风险承受程度投入相应资源，并确定与企业层面战略保持一致的业务单位战略。这些管理部门主要履行以下职责。

①执行风险管理的基本流程。

②研究提出本职能部门或业务单位的企业重大决策、重大风险、重大事件和重要业务流程的判断标准或判断机制。

③研究提出本职能部门或业务单位的企业重大决策风险评估报告。

④做好本职能部门或业务单位有关建立风险管理信息系统的工作。

⑤做好培育风险管理文化的有关工作。

⑥建立健全本职能部门或业务单位的风险管理内部控制子系统。

⑦负责风险管理其他有关工作。

二、企业风险管理组织的文化观与文化体系

（一）企业风险管理组织的文化观

1. 当代大文化观

风险首先属于文化范畴，还属于价值的范畴。

当代人对文化的理解、文化的感悟，已经不断冲破了"观念文化""精神文化"这一小文化观的狭隘眼界，进入了大文化观的整合视野，逐步回归到了文化的本真状态。这一可喜局面的形成，直接根源于世纪之交，人们对文化性状、文化地位的重新发现。

（1）文化发现——文化主导世界

① 文化正逐步导演全球重大事件

国内从事文化战略研究的资深专家曹世潮认为："20 世纪最后的三年，文化奇迹般地连续不断地在世界极为重大的事件中扮演了主角。并将经济、军事、政治的发展方向，纳入文化的轨道。""文化正逐步导演全球重大事件。"①

在经济方面，1998 年美国克莱斯勒汽车公司宣布同德国戴姆勒 – 奔驰公司合并，从而诞生了全球第三大汽车公司，引起世界轰动。虽然美国人对此于心不甘，但又是一种必然的选择。因为克莱斯勒无法造出质量超群的汽车，而戴姆勒 – 奔驰公司所制造的汽车，其质量、安全性、舒适感始终居于世界第一。在德国，有数千万人可以把质量做到世界第一或世界一流，这是文化使然。德意志民族普遍具有的自觉的质量意识，使德国在世界制造业中稳稳坐在质量峰巅。这说明一个民族、国家或公司的文化特质所形成的战略优势，最终将决定性地使这一民族、国家或公司具有无可争议的全球竞争力，领导和主导所属文化最擅长的行业，甚至是产业。

在军事方面，1999 年发生了震动整个世界的科索沃事件，以美国为首的北约对南联盟进行了轰炸。虽然这一行动是北约组织的统一军事行动，但不是所有的北约组织中的国家都一致赞同并积极参与轰炸的，有些国家甚至持激烈反对的态

---

① 曹世潮 . 文化战略：一项成为世界一流或第一的竞争战略 [M]. 上海：上海文化出版社，2001.

度。在对南联盟军事打击的态度上，持不同态度的英、美、德、法、意、希腊等国家，按其地理位置来看，恰巧是由北向南地排列着。这不是一种巧合，它们不同的态度和举动恰好是由文化的差异造成的。科索沃问题的最终解决也将是依靠文化。

在政治方面，2000 年的元旦刚过，奥地利自由党党魁约尔格·海德尔出任奥地利政府副总理。由于海德尔几乎是欧洲极右翼的象征，此举立刻遭到了欧盟成员国的强烈反应。欧盟在文化价值观念上的一致性，使它不能允许这样的人出现在一个成员国的政府当中。不久海德尔下台。欧盟与海德尔在文化的基本价值观方面的冲突是这一事件的核心，最终也以文化的标准和样式解决了这一政治问题。

②世界经济凸现文化地图

世界经济的发展，包括行业、产业间的发展，既是一个互动的过程，又是一个分化的过程。特别是在全球化背景下，一张世界经济的地理分布图已清晰地展现在世人面前：德国和北欧将成为世界精密制造业的一流国家，他们领导生产着世界上最精密的产品；法国、意大利等国家则将主导世界设计市场，在艺术、工艺和生活用品相结合的商品，如服装、香水、西餐以及传统经典的观赏艺术方面取得成果，法国必将成为世界高雅时尚和艺术生活的中心；日本则是标准制造业的领头羊；中国的基本制造已赢得了世界的青睐，在人们普遍需要的、技术含量较低的、制造工艺较简单的产品方面，中国发挥出了自身的特长。

为什么今天世界经济的地理分布图是这样的？解释和理由可以是多种多样、五花八门的，但最有说服力的解释，最深刻的根源还是文化。以严谨、理性著称的德国文化注定使德国在精密制造业挥洒自如，而以高雅、浪漫文化闻名于世的法国，理所当然地成为时尚与艺术的中心。极具个人主义特质的美国文化则使美国总想成为世界第一或最大经济体，目前世界 500 强中的大约 300 家企业都来自美国。日本为什么能在标准制造业上领导生产，这是由于日本文化中认真、勤奋、学习与服从等鲜明的文化特质与重质量、严管理，追求低成本、高技术的标准制造业特性高度一致的结果。由此可见，上述所谓世界经济的地理分布图实际上是一张行业分明、能级分明的世界经济的"文化地图"。如果将这张图看成动态的过程图，那么，我们还会发现一条令人惊异的、至关重要的新规律，这就是文化特质与行业特性之间的顺逆成败规律。换言之，一个民族、一个国家或一个企业组织所具有的文化特质与它所从事的行业、产业特性相顺应，相一致时，则行业兴盛、成功；反之，则衰落、失败。

日本的兴衰就是一个典型案例。前述日本的文化特质与标准制造业特性高度一致，使日本在二战后的 30 年里实现了从战败国到世界第二经济大国的飞跃。而今天日本经济遇到了危机，根本的原因还是日本的文化特质与行业特性之间的冲突所致。从制造业文化的能级来说，日耳曼民族处于第一能级，代表精密制造的文化，大和民族（日本）处于第二能级，代表标准制造的文化，中华民族代表基本制造的文化，处于第三能级，这种位势和能级注定日本要受到以德国为核心的北欧国家和以中国为核心的亚洲国家的挤压。更重要的原因还在于日本文化很不适应信息产业和知识经济的产业特性。强调服从的日本文化恰好同张扬个性、不断创新的知识经济文化相悖。在这种情势下，如果日本人不认清本民族的文化特质，不能及时地进行文化整合和文化变革，日本经济只能是江河日下、向背而泣。在这一点上，美国人的文化转型值得日本反思。20 世纪 80 年代，美国的汽车业及其他电子行业在与日本争夺国际市场时一度节节败退，美国经济遇到了前所未有的挑战。然而，美国在不断总结自己的经验教训中改变了自己的科技文化战略，顺应了信息时代的要求，抢占了信息技术的高地，整个国家在产业的信息化与信息的产业化方面进行了调整与发展，从而重振雄风。现在美国与信息技术有关产业的 GDP 比重已达到 80%。这是文化特质、文化转型与行业发展要求相一致的成功范例。

（2）文化发展——文化即人化

世纪之交，文化逐步导演全球一系列重大事件，表明文化的地位正发生前所未有的转变，由配角上升为主角；世界经济的文化地图之形成与凸现，又预示着世界经济格局的又一次分化与调整，调整的力量来自文化，文化已不仅是一个国家、一个民族或一个公司组织的灵魂，而且是它们的基石；文化特质与行业特性同顺逆成败规律的发现，则进一步深刻地揭示了人类社会运动、变化、发展的内在逻辑，这是最重要的生产力发展规律。而这一切文化与经济、政治、军事、社会生活的内在本性一致的系统发现，一方面集中凸现了传统的精神文化观的偏执与狭隘，因为仅靠观念文化或精神文化解释不了这一切；另一方面则集中凸现了大文化观的解释力、整合力和支撑力，因为只有大文化观才能完整地说明文化何以主导经济、产业以及企业组织的生存发展，何以主导政治、军事以及人们之间的分化与合作。联合国世界文化与发展委员会的报告明确指出："归根结底，发展与经济都是人类文化的一部分。"①

①文化定义

当代大文化观深深地奠基在对文化本性的认同与回归上。文化，本来是相对于自然、天然来说的，它是对天然、自然状态的一种改变、改造或影响，也就是对自然状态的人化。文化即人化，人化即文化，这就是与人一同诞生的文化本性，即文化的本真状态。从文化的起源、生成、拓展、变化，直到当代的发展，其地位与功能的提升，以至处于最重要的战略地位，都表明了文化的这种人化性质，都是围绕着文化的人化本性逐次展开的。文化的简要定义可表述为：人类活动的方式及其产物。文化就是某一人群在一定的环境条件下，基于某种需要，进行某种生存、享受、发展活动的特定方式及其特定产物。这里的核心概念是"活动方式"。显然，不同的人们有不同的活动方式，共同的活动有共同的活动方式。如文化一般以民族为基本单位，故文化总是体现为不同的民族文化；不同的人们从事共同的活动则往往形成共同的文化现象，如共同的工业文化、信息产业文化、内部控制文化、风险管理文化，等等。

②文化结构

任何文化即人的活动方式是作为整体存在的，这一整体表现为四个侧面或层面：

一是物质层面，即人们的任何活动，无论是创造物质财富的活动还是创造精神财富的活动，也无论是生存活动还是享受活动、发展活动，也无论是活动本身还是活动产物（结果），都必然有相应的物质载体或物质手段。

二是行为层面，即人们的任何活动总是伴随着相应的行为动作，集中表现为人们自觉或不自觉的行为习惯和行为规范，这种习惯、规范典型地表征着一定的

---

① 联合国教科文组织，世界文化与发展委员会.文化多样性与人类全面发展：世界文化与发展委员会报告[M].广州：广东人民出版社，2006.

活动方式,如随地吐痰是一种行为习惯,饭前洗手是另一种行为习惯,女士优先是一种行为规范,敲门进屋是另一种行为规范。

三是制度层面,即处于某种共同体的人们在共同活动中总是采取某种大家认同、认可、承诺的制度性、规范性、契约性的活动方式进行交往、交流、合作。换言之,人们的某种活动方式总是以正式或非正式、强制或非强制的制度化形式(法律是其最高形式)去加以确定、固定和稳定。

四是精神层面,即人们的任何活动及其方式(包含前面的物质活动方式、行为活动方式、制度活动方式)总是在一定的意识、目的、观念、信念、理论、思想等主观精神的调控下进行的,都打上了人们精神意志的印记。正是精神因素的反映与浓缩以及与人们现实生活的调控与渗透过程,才使人们的整个活动及其方式,整个活动方式的产物、成果,有了活的灵魂。也正是因为如此,精神文化、观念文化成为整个文化即人化方式的核心和灵魂。

应该说明和强调的是,以上四个层面是任何一种人化方式即文化活动都同时具有的四大要素、四种表现形式。并不能说某种人化方式即文化现象只有物质形式,或只有行为形式,或只有精神理念形式,或只有制度形式。这四种形式(要素)是同一个文化即人化方式及其产物作为一个完整整体的有机组成部分,它们相互依赖、相互制约、相互映照,不可剥离的。当然,它们之间相互区别、相对独立,并且有各自的特定功能。特别是在社会生产、生活日益分化的条件下,人们活动的领域、产业、专业等日益多样化,有的活动主要具有物质活动的特征,有的活动则主要具有制度活动的特征或精神活动的特征,因而各自形成的文化特征,各自创造的文化成果主要具有或物质或制度或精神的属性。在此意义上,人们习惯于将文化区分为物质文化、行为文化、制度文化和精神文化四大类型。这种区分划界有依据也有意义,但也只能是相对的意义,切不可截然划开。如物质文化中有精神文化的源泉,精神文化中有物质文化的支撑或产物。

总之,这四种文化的区分仍然是一种层次、层级差别,是作为整体的文化单元(即一种人化方式)的一种分解,分解后的整体还原才是文化的本身状态。这一关键点,构成了当代文化观的精髓之一,对于我们建构和树立当代风险文化观有重大作用。它引导和告诫我们风险文化绝不仅仅是观念文化,也绝不仅仅是制度文化或行为文化或物质文化，而是作为一种人类活动方式整体产生、整体存在、整体运作的文化现象。

2. 企业风险管理组织文化的概念与属性

（1）企业风险管理组织文化的概念

所谓企业风险管理组织文化，是集企业经营理念、风险管理理念、风险管理行为和风险道德标准等要素于一体的组织文化体系，是企业文化的重要组成部分。风险管理是一项全员参与的系统工程，因此需要以塑造风险管理文化、增强全员风险管理意识为支撑。进入 21 世纪，不少跨国企业、大型集团因为风险控制不当而出现巨额亏损甚至倒闭，究其原因，往往并不是因为这些企业集团缺乏风险管理机制，而是由于经营管理人员或普通员工风险管理意识的薄弱。如果没有所有员工广泛认可并愿意自觉遵守的风险管理文化，那么无论企业的风险管理技术多么先进，风险管理、内部控制制度多么完善，都将徒劳无功。

企业开展全面风险管理工作，应当倡导和强化全员的风险管理意识，通过各种途径将风险管理理念传递给每一个员工，并且内化为员工的职业态度和工作习惯；要在企业内部形成风险控制的文化氛围和职业环境，使企业能敏锐地感知风险、分析风险、防范风险。在风险管理文化培育过程中，企业董事会和高级管理人员应当起到表率作用，并且将风险管理文化建设与员工的激励约束机制挂钩，鼓励、支持基层员工参与企业风险管理文化的具体工作，增强企业风险管理工作的主动性。

一个成功的企业，必须树立一个好的风险管理文化；一个优秀的企业员工，头脑中始终要将风险控制防范放在第一位。现代企业风险管理文化的核心理念是只有控制风险、降低风险才能增加收益。风险管理文化不仅能使企业全体人员具有一致的共同行为目标，而且关系到企业长期的生存与发展。在当今这个全球金融快速发展的历史阶段，我们应该清醒地认识到我国企业要想建立良好的风险管理文化不是一朝一夕就能实现的，因此，要做好长期建设企业风险管理文化的思想准备，让先进的风险管理文化渗透到员工的思想当中，并影响企业员工的风险态度、风险信息反馈模式、行为模式，从而实现企业治理的完善，增强部门的风险管理意识，提高全体员工的风险控制能力，促进企业风险管理体系的高效运行。

（2）企业风险管理的文化属性

①风险的文化属性

风险与文化绝不是风马牛不相及的两回事，将风险与文化连在一起，也不是什么"拉郎配"。因为，风险是文化的内生属性，文化作为人化，作为人们的活动方式及其产物，必然将风险过程包含其中。千百年来，善良的人们、理想化的智者总是力图将风险源、风险事故、风险损失等风险过程与人化方式即文化过程剥离开来，但总是徒劳，无功而返。进入风险社会后，人们开始将风险作为人类文化活动、文明活动的一个内生现象、必然现象看待，自觉地把风险现象当作文化现象认识和处理，开始形成有益的、积极的风险文化。这对于优化人们的活动方式，改良人们的文化模式，更新企业的内部控制以至整个管理方式，都将产生持久的、巨大的作用。具体地说，风险的文化属性在于以下几点。

A. 风险与文化同根同源

风险是文化的一个要素，即人类活动方式的内生因素。人是一个目的性存在物，是一个既有对象意识又有自我意识，更有需要意识、目的意识的能动的价值主体、价值源，因而人的活动本质上都是目的性活动，都是超越现实存在、追求理想存在和理想目标的活动，这就是人这一灵长类动物区别于其他动物的文化本性。当代人类学、文化人类学已清楚地揭示了这一人类的本质。问题的关键在于，人的这种超越性、理想性、目标性活动只能是一种风险活动，不同的活动方式即文化模式只是不同的风险活动方式。风险在这里表现的是人的超越性、理想性、未来性、非现实性、目的性、目标性。如果舍去了人化方式中的这些特性，当然就不存在风险，但同时也不存在人化即文化现象了。因此，风险是文化的一个必不可少的因素，它以否定的形式集中表现文化的价值取向。风险是文化产生的起点，也是文化消解的终点，风险过程伴随一种文化活动的始终。

B. 风险与文化同构异向

风险是文化的内生要素，风险生成过程、化解过程与人化过程同根同源、同构同在。但风险作为文化的"一个"要素，它的结构和影响同作为整体的文化在方向性上是相反的；风险贯穿文化活动的全过程，但它仍然只是文化全局的一个局部，这一局部的反向性不能取代全局的正向性。如果把文化即人化看成是化解风险的过程，那么，风险正是它的对手，只不过，这一对手是内生的、自找的，不是冤家不聚头，聚头的总有冤家、总有风险。在上述意义上，我们应承认：风险、风险文化是一种特殊的文化，它以反向性、否定性、破坏性的形式表现了人类文化的特质和价值取向，它以叛逆者的姿态，以造反者、捣乱者的方式最终服务并服从于人类文化的总方向，即人化总方向，正应了相反者相成的古训。

C. 风险与文化互动共进

从人的目的指向性活动这一视角看，风险是文化即人化中的风险，文化都是一种风险文化，即包含风险的文化、化解风险的文化。因此，从人类文化一产生，就开始了文化与风险的互动共进关系。按照世界著名的历史学家，20 世纪文明理论的集大成者汤因比的观点，文明、文化起源于"环境挑战与应战"的交互作用中。显然，任何挑战都是一种风险威胁，任何应战又都是一种化解风险的过程。当然，这里的风险不只是纯粹风险，更多的是包含机会的风险。汤因比认为，文明起源的环境不能是一个极为安逸舒适、没有风险的环境，而应是一个充满困难、充满风险的环境。不过，挑战过弱、风险太小，以至于没有足够的刺激唤起人们的应战；挑战过于强大，风险太大，又会使应战不可能，从而使文明流产。因此，在挑战不足与过量之间有一个适度问题。他说："法则应当是这样的：足以发挥最大刺激能力的挑战是在中间的一个点上，这一点是在强度不足和强度过分之间的某一个点。"① 汤因比的这一文明挑战应战理论已产生越来越大的世界性影响，也为今天的风险文化理论奠定了重要的历史根基。我们认为，人类创造自己所需要的世界的活动，就是一个产生风险、识别风险、应对风险、化解风险，从而达到目标实现的活动。风险有力地推动着人类文化的产生、变化与发展，文化的积累与发展又派生了新的风险以及化解风险的手段方式。在风险挑战与应对的历史过程中，我们也应该不断寻找风险挑战的度：过度的风险挑战将不利于文化、文明的发展，回避风险或过于保守的风险挑战同样阻碍文化、文明的延展。

综上所述，我们认为：文化即人化过程，一是对世界的改造过程；二是对风险的化解过程，二者不可分割。文化与风险同根同源、同构导向、相反相成、互

① 汤因比，索麦维尔. 历史研究（上）[M]. 曹未风，等，译. 上海：上海人民出版社，1986.

动共进。

②风险管理的文化属性

剖析了风险的文化属性，则风险管理的文化属性不证自明。我们在此提出这个问题，是想强调以下几点。

A. 风险管理文化以活动方式存在

风险管理文化是作为人们进行风险管理的活动方式存在的文化现象，即人们进行风险管理的人化方式。它不归结为传统意义上的观念文化、精神文化，不是小文化观视野下的文化现象，而是当代大文化观视野下的文化类型。它代表或表征的是特定的活动方式及其产物——风险管理方式本身，我们必须从"活动方式"的层面上理解并把握风险管理文化。

B. 风险管理文化具有整体性

这就是说，风险管理文化作为一种活动方式是一个由多要素、多系统、多层面、多功能构成的一个完整的文化体系、文化模式。它既有物质文化层面，又有行为文化层面，还有制度文化层面、精神文化层面，但不能归结为其中任何一个层面，也不能把不同层面割裂开来、孤立起来。企业在构建风险管理文化时，必须从物质层、行为层、制度层、精神层等各个系统、各个层面、各个要素完整地展开，围绕优化、调整风险管理方式这个中心，有骨有架、有血有肉地搭建和丰满风险管理文化体系。

C. 风险管理文化具有主体性

风险管理文化既然是一种人化方式，就必须在人这一风险管理的文化主体上做足文章。一切文化都是人派生的，人是文化的第一载体，既是文化的创造者，又是文化的操作者、占有者、享用者，还是文化的改进者、保护者。风险的不确定性，最大的根源是人的局限性、人性的局限性。正是人的认知能力存在有限性，产生了风险状态中的主观不确定；正是人的道德价值取向的私利性、损人利己性，导致了风险管理目标偏离。人的能力素质的改变，道德素质的改变，正是人的文化模式，即活动方式的改变。因此，风险管理文化体系的建构，首先是人的主体性建构、人性建构。

（二）企业风险管理文化体系的构建

1. 风险管理文化建设的意义

企业文化作为企业管理的重要内容，是企业核心竞争力的重要支撑之一。企业风险管理文化是指以企业文化为依托，通过在员工中培育、灌输风险意识，在风险管理活动中提炼而形成的集风险理念、风险价值观和风险防范的行为规范于一体的人文文化，是一种能使企业快速识别风险、全面分析风险和从容应对风险的独特的价值观、传统、习惯和作用。企业风险管理文化的本质就是对一系列项目风险价值排序的活动，其目的都是力求规避风险、降低风险，实现企业对项目的全面管理，确保企业的稳步发展。

（1）风险管理文化是企业文化的重要内容

企业文化，是指企业在长期的生产实践活动中逐渐形成的并且被企业员工普遍认可和遵循的具有企业特色的管理思想、管理方式、群体意识、价值观念和行为规范的总称。企业文化内容从层次上理解包含企业精神文化、企业制度文化、企业行为文化和企业物质文化；从企业内部职能部门的角度理解则可以分为企业人力资源管理文化、企业营销文化和风险管理文化等。事实上每个职能文化都有其层次性，都包含符合其职能的精神、制度、行为和物质文化。风险管理文化作为企业文化的一个重要的职能文化，在继承和发展企业文化的基础之上，融合风险管理基本要素，为企业员工树立风险意识、规范风险管理行为、培养员工使命感和责任感起到了至关重要的作用。

（2）风险管理文化是提高企业竞争力的保护伞

企业谋求发展就需要不断提高企业的竞争力，但是企业在不断地提高、突破过程中必定要挑战技术难度更高、风险系数更大的项目，因此将会遇到更多前所未有的风险，只有突破这些风险企业才能实现质的飞跃。所以，企业必须培育和建设风险管理文化，把风险管理理念贯穿于项目完成过程的各个环节，使所有员工都树立风险管理意识，养成良好的风险管理行为习惯，全面提高企业的风险防范能力。

（3）风险管理文化是企业可持续发展的关键

项目的特性使得企业经营者与员工几乎每天都要同各种风险做斗争，项目的风险无时不在，无处不在，应对风险的成败将决定企业的成败。思想的高度决定企业的长久。企业必须确立以人为本的企业风险管理价值观，提升风险意识，树立风险管理理念，营造全员参与、协作、奉献的企业风险管理文化，才能使企业在未来激烈的市场竞争中道路更宽、走得更远，实现企业的可持续发展。

2. 企业风险管理组织文化的构成

企业风险管理文化是企业可持续发展的思想保障和理念基础之一。对于企业来说，更需要实施新的、高层次的文化战略，抓紧构建与其发展相适应的、高度吻合的风险管理文化。企业的风险管理文化对企业经营的成败起着非常关键的作用，其作为企业文化的重要组成部分，也将决定企业全面风险管理的成功程度。如果管理层风险意识薄弱，那么员工对风险管理的认识及他们在其中的角色就知之甚少，这样的文化会削弱管理风险的能力，甚至可能导致致命的失误。相反，如果风险管理被看作企业经营的一个中心内容，这样的环境才会使真正有效的风险管理成为可能。企业风险管理文化主要由精神模块、制度模块、行为模块、技术模块、环境模块和知识模块所组成。

（1）精神模块

风险管理文化建设的精神模块，主要指在经营思想、管理理念、员工道德规范和价值观念等方面以风险管理为核心来塑造。在市场化改革的形势下，要强化以风险为中心的管理理念。企业风险管理文化精神模块的塑造主要包括以下两个方面。

①建立共同的风险管理理念

共同的理念可以为企业提供学习的焦点与能量，唤起员工的希望和勇气，有助于员工超越"适应性的学习"而进行"创造性的学习"，改善员工与企业之间的关系，为企业的长期发展树立一面旗帜。在共同的风险管理理念指引下，制定风险管理目标，带领并激励全体员工为目标的制定贡献智慧，提升员工的责任感。所有的员工都遵守统一的工作理念，考虑问题的出发点基本是一致的，他们都清楚地知道自己的责任，知道自己的目标，知道为完成这个目标什么可以做，什么不可以做，他们知道做错了会受到什么样的处罚、做好了会得到什么样的奖励。在这种文化背景下，每个人都感到只有顺应了这种组织文化，他才能够如鱼得水，充分发挥自己的才能；如果顺应不了这种组织文化，他就会与同事格格不入，最终被淘汰。

②确立企业风险管理的核心价值体系

企业高层管理者在企业风险管理方面达成共识，高层要有意识地参与、引导、推动和创造企业的风险管理文化，要把风险管理文化建设作为企业经营管理中的重要任务。思路取决于观念，意识作用于实践。只有将风险管理理念渗透到每个员工的头脑中，才能形成真正的风险管理文化，只有建立一种完善的以控制风险、稳健经营、强化管理、自觉约束、规范运作等理念为主体的价值体系，才能形成一种文化氛围去影响大家的行为。

（2）制度模块

制度建设能有力地推进风险管理文化构建，但由于制度具有滞后性和被动性，因此，制度在为文化发展提供保障的同时，必须随风险管理文化的发展而不断创新和完善。对企业来说，当务之急是构建完善的内控机制和激励约束机制。

在内控机制建设上，应强化经营管理各环节的内部控制。通过订立管理原则和行为规范来明确风险职责，这是有效管理风险的必要前提，是企业对风险的辨识、评判、权衡与防范，必须因岗定责，落实到人，以利于树立风险意识，从而在整个业务流程中创造出一种风险管理的氛围。良好的风险管理文化要注意加强对新产品、新业务投产前的风险评估和风险控制。同时通过绩效管理的方法，鼓励正确的行为和态度。

在激励约束机制建设上，要充分运用各种激励手段，包括目标激励、奖罚激励、榜样激励、关怀激励、荣誉激励、精神激励、物质激励、危机激励等，对每一个员工履行职责的情况进行严格考核，对从事风险管理各岗位的工作人员，更要加大考核奖罚力度，对有功者重奖，对失职者严处，以形成奖罚分明的风险管理氛围。

（3）行为模块

风险管理组织文化建设的行为层面应分为管理层与员工层两个层次。各级管理层既是风险管理政策规定的制定者，又是执行者和落实者。实践证明，领导者风险意识的强弱、综合素质的高低、管理是否尽职、行为表现是否率先垂范在整个风险管理文化建设中至关重要。与此相对应，员工层的行为管理同样不可忽视。在风险管理文化建设中，如果说制度管理是一种外在管理的话，那么，员工的行为管理就是一种内在的核心的管理。它通过作用于人的内心世界，激发员工的工作积极性、主动性和创造性，使其形成强大合力，达到"1+1>2"的效果。

加强员工的行为管理，必须强化三种意识。

①"零距离管理"意识。在风险管理过程中的每一个环节，必须坚持精益求精，做到"精细化、零缺陷"，使风险降到最低。

②倡导和强化风险意识。树立囊括各个部门、各项业务、各种产品的全方位风险管理理念，推行涵盖事前监测、事中管理、事后处置的全过程风险管理行为，引导和推进风险管理的发展。把风险管理责任深入渗透到每一个部门、每一个岗位、每一个工作环节，让每一位员工认识到自身的工作岗位上可能存在的危险，时刻警觉，形成防范风险的第一道屏障。让每一位员工树立正确的职业态度和工作习惯，将风险管理工作植根到全员的每一项工作中，确保风险管理工作全面开展，以适应市场不断变化的需要。

③全员执行意识。通过树立"执行第一"和"全员执行"意识，从根本上提高员工执行政策规定的能力，以保证风险管理目标的实现。在加强员工行为管理的同时，企业还应该注重员工品格的培养。品格是企业和个人的立足之本，一个企业有品格才能成为公众投资的方向，一个人有品格才能真正为企业做贡献，带来组织的成长，所以要通过所有员工高品格的整合来凸显企业的品格。个人品格不仅是道德的操守，更重要的是对社会、对企业、对他人的责任意识。管理者是楷模，是政策和组织行为的化身，好的表率是无形的力量，能够促使全员形成一致的行动、集体的合力。因此，对领导者、管理者而言，除了有工作的热情、方法、情商等方面的要求和培养以外，还要强调对品格的要求和责任的诉求。发挥管理者的表率作用，这是风险管理文化提升的关键。选任管理者应遵循"品格第一"的原则，防止任用品格有缺陷人员所可能产生的危险和连带效应。对所有员工也要讲"品格第一"，可以由高品格领导者和管理者来推动，由上而下，身体力行，通过一定的疏导、示范、影响、培训和约束来逐步实现，建立严谨的"风范"，使员工能上行下效。

（4）技术模块

风险管理组织文化建设的技术层面主要是指企业防范风险的技术与手段，它包括对风险的识别、衡量、评价、控制等内容。

在技术模块塑造方面要坚持以下原则。

①科学管理原则：充分利用现代管理思想和方法，通过组织、计划、协调、激励、控制等手段，实现管理效率的提高和管理目标的优化。

②可持续发展原则：通过严格规范的风险管理，优化资产结构，加速资金周转，不断提升自身的经营管理水平，进而实现企业的可持续发展。

③建立长效机制原则：把风险管理贯穿于企业经营活动的全过程，通过建立健全和落实相应的规章制度，尤其是内部控制制度，构筑风险管理的长效机制。

④建立有效的信息沟通机制原则：确保相关信息能够及时、准确地传递到合适的岗位环节，确保风险管理能够在各个环节正常运行，实现对风险管理的分散与集中的有机统一，从整体上把握企业面临的全面风险。

（5）环境模块

企业风险管理组织文化的构建，需要有良好的环境氛围。

①通过建立"学习型"组织，改善心智模式。国外安全学人士研究表明：意外导致伤害的概率仅为几百分之一。这一论点说明了为什么人类容易产生侥幸、冒险的动机和心态。为此，有必要建立各级学习型组织，改善员工的心智模式，培养其对风险的正确态度，使其养成良好的风险习惯。

②满足员工需要，培育安全氛围。按照马斯洛的需求层次论，从员工的社会需求、心理需求和自我实现需求等方面入手，努力营造一个使员工思想、士气处于最佳的安全文化氛围。

③要建立良好的职业环境，强化守法经营意识。企业的很多问题都是因为没有守法经营造成的，因此，合规经营必须创造一种良好的执行制度的氛围，利用奖励和处罚机制增强员工防范风险的自觉性和主动性。

（6）知识模块

培育良好的风险管理组织文化要求必须倡导和强化风险意识，牢固树立"风险先行"意识，通过学习研讨、参观考察、实际操作、风险管理案例教育等多种途径和形式，加强对风险管理理念、风险管理知识、业务流程和危机意识等方面的培训。培训工作既要注重广泛性、全面性，又要突出重点，立足于岗位职责，务求实效。

①打造学习型企业、创建学习型团队

把打造学习型企业、创建学习型团队、提高员工素质、增强员工风险意识、树立企业形象作为风险管理的出发点和归宿点，重视对企业风险管理者和全体员工进行风险管理知识的培训。对于各种风险的评估、量化及风险管理的能力，必须清楚列入风险管理人员的能力要求之中。要全面提升企业的风险管理水平，使企业高层和相关人员对其所从事的经营活动所涉及的风险有清醒的认识。

②要加强对全员的培训工作

加强对全员的培训工作，不但要注重对新员工进行全面的风险意识培训，同时也应该不断更新、提高全体员工的风险管理理念，树立严格按照规章制度办事、一丝不苟执行政策的良好职业操守。加强培训和沟通，企业必须建立有效机制，使员工能从企业本身或其他企业所犯的错误（或接近犯错）的经验中吸取教训。

③开展风险预知训练

设计具有针对性、实战性的测试科目，在企业内部推广实行，并将测试结果作为风险管理能力评价的重要内容。这样做的目的是促进员工自觉提高风险素养，使其真正意识到风险是与企业发展相生相伴、与个人行为息息相关的，在面对潜在或已出现的风险时，有能力采取最适当的措施来应对。

④加强危机意识培训

市场的瞬息万变，竞争对手的攻城略地都为企业带来很多的竞争压力。要增强在市场中的抗击打能力，企业必须加强危机意识，进行充分而全面的危机管理。企业可以将危机意识作为企业文化的一个方面，使危机意识成为全员的潜意识。在企业内营造一种危机氛围，对每个员工进行危机意识的培训，培养每个员工对企业的热忱和对各项危机因素的敏感度，达到见微知著的目标，并对突然事件的反应能力进行强化训练。海尔、华为等企业在培养危机意识方面做得相当成功，做到了将危机意识从领导层向所有员工的传递。麦当劳对各种曾经发生过或预想到的危机都建立危机规避方案，遇到问题能够及时妥善解决，同时将每次遇到的新问题及时加入问题库，为问题的有效解决提供了良好的平台。

3. 企业风险管理组织文化建设的原则和要素

整合、提升、突破，是企业风险管理组织文化建设的基本任务，也是风险管理组织文化建设的基本思路和指导方针。企业风险管理组织文化的建设应该立足于企业总体资源的高效整合，着力提升企业形象和品牌。

（1）企业风险管理组织文化建设的基本原则

①突出个性原则。构建风险管理文化，必须在结合普遍发展原则和监管部门要求的前提下，突出企业风险管理和业务发展的特点，塑造出具有企业自身特色的风险管理文化。

②统一性和差别性原则。单对一家企业来说，其风险管理文化的理念、主旨应是统一的。但鉴于存在地区、业务的差别化，在实施风险管理文化建设时，应允许采取不同的风险管理模式和手段。

③求实和完善原则。风险管理文化的建设不能仅停留在提理念、喊口号的阶段，要提倡务实精神。通过实践来检验风险管理文化建设的成果，并在实践中不断探索、补充和完善。

④与企业相关制度结合。风险管理文化建设应当与薪酬制度和人事制度相结合，应有利于各级管理人员特别是高级管理人员风险意识的增强，有利于企业防止盲目扩张、片面追求业绩、忽视风险等行为。

（2）企业风险管理组织文化建设的关键要素

风险管理组织文化的构建是一个系统工程，影响风险管理组织文化构建的因素众多，主要有三个要素起着举足轻重的作用。

①管理层的积极倡导与策划

营造良好的风险管理文化无疑是企业的制胜之道，在这一过程中没有比将风险管理的价值观深深根植于企业高级管理层的大脑中更为有效的风险管理办法了。从文化经营角度来看，高级管理层的使命就是创造风险管理文化，通过提炼风险价值观念，为整个风险管理文化的塑造定下基调，并在价值观的传播与沟通中保持足够的热情和敏锐的大局观，做好风险管理组织文化的策划。

企业高层管理者要成为风险管理组织文化建设忠实的追随者、布道者、传播者、感召者、激励者。在日常经营管理过程中，最高管理层不但要直接领导、组织、参与风险管理文化的塑造，亲自向企业员工进行风险管理组织文化宣讲，在企业内不断地宣传，在企业内部形成一种氛围，形成一种无形的文化推动力、约束力。企业高层还要身体力行，不做违反风险管理原则的事，从而维护风险价值观的权威性。

②科学合理的激励约束机制

企业所承担的各种风险，特别是内部风险，与其内部激励约束机制的建设有相当大的关联。在一定程度上，激励约束机制的先进性可以有效控制和弱化风险，风险管理文化的建设不能与激励约束机制的建设割裂开来。积极的态度不是回避风险，而是积极地去经营风险。要通过科学合理的激励约束机制，使风险得到有效的控制，业务得到有效的发展。同时，在对业务部门、人员的奖励安排上，应该尽量避免出台短期行为导向的激励措施，以免埋下风险隐患。

③信息获取和共享的水平

风险来自预期损失的不确定性，来自信息的不对称，也来自对信息的错误理解。现代企业需要建立完善高效的信息采集、整理、分析、交流的渠道，加强信息化建设，加强对国家政策导向、有关行业发展、市场变化及同业竞争的研究和交流，建设中心数据仓库和信息平台，建设风险分析、预警、防范和处理机制。

4. 企业风险管理文化组织构建的相关措施

实施企业风险管理，除了建立具体的风险管理制度外，还需要将风险意识和风险管理理念融入企业文化之中，形成由内而外的强大支撑力，在整个组织中贯彻风险管理精神。

（1）风险管理文化应融入企业文化建设全过程

企业之间的竞争已从服务竞争上升到文化竞争，企业健康持续发展需要有文化、精神道德的纽带。企业的运作受到文化的控制和约束，员工就能自觉地遵守公司的风险管理制度。企业建立具有风险意识的企业文化，可以促进企业风险管理水平、员工风险管理素质的提升，保障企业风险管理目标的实现。

（2）把风险管理的有关精神、理念加以提炼，融入一般企业精神

风险管理文化的精神文化是公司在长期发展过程中形成的全体成员统一于风

险管理方向的某种思想观念、价值标准、道德规范和行为方式等精神因素；也是企业在对风险的长期认识与防范中，在进行风险管理的长期操作实践中形成的企业风险精神、风险观念与风险理论成果的总和。它处于整个风险管理文化的最深层，并成为风险管理文化的灵魂和核心。

（3）倡导行为文化，积极寻求改变

行为文化一般是指人们进行某种活动的具体行为、具体操作中表现出来的稳定的行为习惯、行为规范、行为风格、行为风尚，它独立于精神文化、制度文化，但又不可分割。如果员工的行为以法纪为规范并由此形成自己的行为习惯、行为风格，那么风险管理的基本防线就修筑成功了。遵纪守法是风险管理文化的基础工程。遵纪守法与诚信敬业内在一致，共同构成了企业风险管理行为文化的基本要求。员工要有全新的工作行为，要用爱岗敬业、诚实守信、开拓创新的行为，来具体实践企业的风险管理文化，有效防止企业风险行为的产生。

（4）构建风险管理的制度文化

风险管理文化的制度方面是指公司对经营活动中可能出现的各种风险进行预防和控制的一整套制度安排，包括内控机制和激励机制。完整的内部控制制度由内部组织结构控制、财务系统控制、授权授信控制、独立的内外部稽核制度等组成。激励机制要避免出现只重视顾客，不重视风险的倾向。企业风险管理文化建设一定要有制度保证，而在这种制度保证中要做到制度文化的创新，用优秀的制度来保证文化建设的实施。

（5）以人为本，形成全员参与的机制

作为企业主体的员工，能否最大限度地发挥在企业中的主体作用，直接关系到企业风险管理文化建设的成败。企业风险管理文化建设必须树立以人为本的管理思想，发挥每个员工的积极因素，以实现企业和个人的共同发展。大力培育和塑造良好的风险管理文化，增强员工风险管理意识，并转化为员工的共同认识和自觉行动，促进企业建立系统、规范、高效的风险管理机制。

（6）加强风险管理培训和沟通

风险管理文化涉及员工的个人价值观和他们接受风险的态度。除非员工尊重和遵守公司的规章制度和内部控制，否则风险管理难以成功。因此，企业员工培训是企业文化落实的根本，应建立学习型组织的企业风险管理文化。

①企业应建立重要管理及业务流程、风险控制点的管理人员和业务操作人员岗前风险管理培训制度。采取多种途径和形式，加强对风险管理理念、知识、流程、管控核心内容的培训，培养风险管理人才，培育风险管理文化。

②应加强员工法律素质教育，制定员工道德诚信准则，形成人人讲道德诚信、合法合规经营的风险管理文化。对于不遵守国家法律法规和企业规章制度、弄虚作假、徇私舞弊等违法及违反道德诚信准则的行为，企业应严肃查处。

③加强和员工的沟通，建立有效机制，使员工能从企业本身所犯错误或接近犯错的经验中，吸取教训。更重要的是企业行政人员必须定期举行会议，讨论其他企业所犯的严重过失的教训，包括：了解事件发生的经过；搞清楚犯错的原因以及对该公司财务与业务造成的损失；最后反问如何避免类似事件发生在自己公司身上。

（7）企业应在内部各个层面营造风险管理文化氛围

董事会高度重视风险管理文化的培育，总经理负责培育风险管理文化的日常工作，董事和高级管理人员应在培育风险管理文化中起表率作用。重要管理及业务流程和风险控制点的管理人员和业务操作人员应成为培育风险管理文化的骨干。同时，企业的风险管理体系也对公司员工的行为产生相应的影响。企业风险管理就是要提供一种机制来帮助员工从公司目标实现这一角度来理解风险，将员工的职责、权限与工作方式与公司目标之间建立一个明确的、紧密的关联。

（8）努力传播企业风险管理文化，树立风险管理理念

企业全体员工尤其是各级管理人员和业务操作人员应通过多种形式，努力传播企业风险管理文化，牢固树立风险无处不在、风险无时不在、严格防控纯粹风险、审慎处置机遇风险、岗位风险管理责任重大等意识和理念。

（9）风险管理文化要突出财务风险防范

企业面临的风险很多，其中对企业影响最大的应属财务风险。最主要的表现形式就是支付风险，全面预算管理是防范财务风险的重要手段。建设风险管理文化必须充分考虑企业面临的市场风险和金融风险。

①重视市场风险。市场是企业财务风险的来源，企业必须制定一些日常条例

防范市场风险和财务风险。企业风险管理部门必须随时监测市场的波动以及时预测财务风险发生的可能性；分析市场以找到分散财务风险的途径；跟踪市场发展趋势以估计企业财务风险损失的发展态势；权衡企业财力和风险造成的最大损失额度等。

②重视金融风险。财务风险最终的表现都是资不抵债，偿还债务只能是企业的现金或者能转换成现金的财产物资。企业如果缺乏现金，就会产生金融上的危机。克服金融危机要付出很大的代价。风险管理文化在金融上要求企业全面预算管理，量"存"为出。

（10）建立风险管理文化的组织结构体系

构建企业风险管理文化，要注意企业内控部门的设置，也要注重各部门承担相应的风险；在岗位设计上首先要有风险责任的规定，而后才能赋予其权力，做到权责对等；注意企业组织结构因风险变动而灵活变动的适应性。同时风险管理文化建设还应与薪酬制度和人事制度相结合，防止盲目扩张、片面业绩、忽视风险等行为的发生。

需要注意的是：风险管理文化的塑造是一个持续的动态过程，需要公司在保持相对稳定的核心风险价值观的前提下，不断地进行改进、提高乃至与优秀公司的风险管理文化进行融合。

第三章　企业风险管理流程

本章讲述了企业风险管理的流程，主要讲述了以下几方面内容，分别为企业风险识别与风险分析、企业风险衡量与评估和企业风险管理决策三部分内容。

第一节　企业风险识别与风险分析

风险事项识别是风险管理的第一步，也是风险管理的基础。任何企业都面临来自组织内外部的各种风险，需要对其进行识别和分析。风险事项识别在整个企业风险管理中占有重要位置，只有全面、准确地发现和识别风险，才能衡量风险和选择适当的风险管理技术。风险事项识别是风险衡量的前提，是风险管理单位有针对性地处理风险的基础。掌握和运用识别风险的方法，可以有效预防风险事故的发生。

管理当局识别将会对主体产生影响的潜在事项——如果存在的话，确定它们是否代表机遇，或者是否会对企业主体成功地实施战略和实现目标的能力产生负面影响。带来负面影响的事项代表风险，它要求管理当局予以评估和应对。带来正面影响的事项代表机遇，管理当局可以将其反馈到战略和目标设定过程之中。在对事项进行识别时，管理当局要在组织的全部范围内考虑一系列可能带来风险或机遇的内部和外部因素。

一、企业风险识别

（一）企业风险事项识别概述

1. 风险事项识别概念

风险事项识别是指运用各种技术和方法，对尚未发生的、潜在的和客观存在的各种风险进行系统、全面地识别和归类，并分析产生风险事故的原因的过程。风险事项识别实际上就是收集有关风险因素、风险事故和损失暴露等方面的信息，发现导致风险产生，造成风险损失的源头。从而有针对性地制定应对策略，减少风险损失。对于风险事项识别的概念，可以从以下几个方面进行理解。

（1）风险事项识别是一项复杂的系统工程

收集识别风险因素，分析风险产生的原因，是一项复杂的系统工程，即使是一个规模较小的风险管理单位，也需要识别包括实物资产风险、金融资产风险、人力资本风险、责任损失风险等在内的各种各样的风险。同时，风险事项识别不仅是风险管理部门的工作，还需要生产、财务、信息处理、人事等部门的密切配合，否则，难以准确、全面地发现和识别风险。

（2）风险事项识别是一个连续地、反复作业的过程

风险具有可变性和不确定性，任何条件和环境的变化都可能会改变原有风险的性质并产生新的风险。一般来说，企业的外部环境和内部条件处于一个动态过程，是不断变化的。例如，企业开发新的产品、企业被收购或破产、外部的经济环境发生变化等，都会使企业面临新的风险。总之，企业要发展，必须连续不断地识别各种风险，分析其可能造成的后果以及分析其对本单位生产经营的影响。

（3）风险事项识别是一个长期的过程

风险是客观存在的，风险事故的发生是一个从量变到质变的过程，是风险因素聚集、增加的结果。在收集风险信息、识别风险因素的过程中，风险管理人员需要进行持续的跟踪和调查。所以说，风险事项识别是一个长期的过程，不能偶尔为之，更不能一蹴而就。

（4）风险事项识别的目的是有效地规避风险

风险管理的目的是规避风险，减少损失，要实现这一目的首要条件就是要对

风险进行有效的识别，认清哪里有潜在的风险因素，它产生的原因是什么，这样才能有针对性地制定风险应对措施。识别风险的目的是为衡量风险和规避风险提供依据。例如，风险调查员提交的风险调查报告，是保险公司确定承保决策和保险费率的依据。

2. 风险事项识别要点

在风险事项识别的过程中，要注意以下几点。

（1）以企业目标为中心，确认影响战略和目标的因素。

（2）在风险事项识别的过程中要综合运用各种方法和技术。

（3）考虑风险因素之间的相互依赖关系。

（4）注意区分风险和机遇，不要一味地追求规避风险而错失机遇。

（5）对风险因素进行分类整理，以便于分析和处理。

（6）尽量全面，力争找出所有可能的风险因素。

风险事项识别是对风险进行分析、衡量、采取应对措施的前提条件。风险事项识别是否全面，直接影响着企业风险管理的质量。如果说风险管理是扫除"地雷"的过程，那么风险事项识别就是对"地雷"进行定位的过程，关键是要发现所有的"地雷"，确保不留下会对企业造成致命伤害的风险隐患。

一个事件的发生往往会带来正面影响和负面影响。具有负面影响的事件代表风险，它需要风险管理单位对其进行分析、评估和应对。相应地，风险是一个事件将会发生并对目标实现产生负面影响的可能性。具有正面影响的事件代表机遇，它会被反映到风险管理单位的战略目标制定过程中，以便规划行动去抓住机遇。

事件通常并不是孤立发生的，一个事件的发生往往会引起其他事件的发生，多个事件也有可能会同时发生。因此，在风险事项识别的过程中要注意风险事件之间的关联，联系地看问题而不是将各个风险因素孤立。例如，在2010年实行的提高存款准备金的政策，使利率、汇率、股票价格、房地产价格等都发生了联动的变化，因此将个别风险因素孤立对待的方法是不可取的。

将潜在的风险事件进行分类是处理问题的好方法。通过在主体内横向的和在业务单元内纵向地将事件汇总，风险管理单位形成对事件之间的关系的了解，从而获取更多的信息作为风险评估的依据。通过对各类风险因素进行分类汇总，有助于从整体上把握风险和机遇，并且有助于各职能部门更好地认识和关注与其直接相关的风险。

3. 风险事项识别过程

风险事项识别的过程实际上就是收集有关风险事故、风险因素、风险暴露、危害和损失等方面信息的过程。风险事项识别的过程主要包括：

（1）发现或者调查风险源

风险管理人员在识别风险管理单位所面临的风险时，最重要、最困难的工作是了解风险管理单位可能遭受损失的来源。如果风险管理人员不能识别风险管理单位所面临的潜在风险，风险因素聚集或者增加，就会导致风险事故的发生。在风险事故发生前，发现引发风险事故的风险源，是风险事项识别的核心，因为只有发现风险源，才能有的放矢地改变风险因素存在的条件，才能防止风险因素的增加或聚集。

（2）认识风险源

风险管理人员认知、理解和测定风险的能力，是风险事项识别的关键。不同的风险管理人员，其认知风险源的能力和水平也是不同的。如果风险管理人员缺乏经验，对已经暴露的风险源视而不见，其结果就会导致未来可以避免的风险事故发生。

（3）预见危害

危害是造成损失的原因，危害不能用来指那些可能带来收益的原因，因为危害一词不仅具有损失的含义，而且也表示损失的程度比较大。尽管在不同的环境下，风险事故表现的形式不同，但是风险事故带来的危害却是大致相同的，即造成风险管理单位财务、人员的损失。因此，风险事项识别的重要步骤是能够预见到危害，将产生危害的条件消灭在萌芽状态。

（4）重视风险暴露

重视风险暴露是风险事项识别的重要步骤，那些可能面临损失的物体都有风险暴露的可能，必须重视风险暴露。例如，放在家具旁边的沾满汽油的破布是风险因素，这块破布有可能引起火灾，这栋房子可能被烧毁，这就是风险暴露。在风险管理实务中，任何企业的所有部门都有可能暴露于风险的威胁之下。一般来说，风险暴露分为：实物资产风险暴露、金融资产的风险暴露、法律责任风险暴露和人力资本风险暴露。

该过程可以看成是一个输入输出的过程，涉及的要素如图 3-1-1 所示。

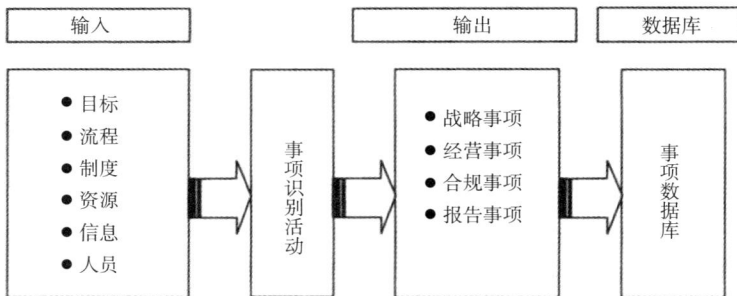

图 3-1-1　风险事项识别过程

（二）企业风险识别原则

1. 全面性的原则

为了对风险进行识别，应该全面系统地考察、了解各种风险事件存在和可能发生的概率以及损失的严重程度，风险因素及因风险的出现而导致的其他问题。损失发生的概率及其后果的严重程度，直接影响人们对损失危害的衡量，最终决定风险政策措施的选择和管理效果的优劣。因此，必须全面了解各种风险的存在和发生及其将引起的损失后果的详细情况，以便及时而清楚地为决策者提供比较完备的决策信息。

2. 综合考察的原则

单位、家庭、个人面临的风险是一个复杂的系统，其中包括不同类型、不同性质、不同损失程度的各种风险。由于复杂风险系统的存在，使得某一种独立的分析方法难以对全部风险奏效，因此必须综合使用多种分析方法，根据风险清单列举可知，单位、家庭、个人面临的风险损失一般分为三类。

（1）直接损失

识别直接财产损失的方法很多。例如，询问经验丰富的生产经营人员和资金借贷经营人员，查看财务报表等。

（2）间接损失

间接损失，是指企业受损之后，在修复前因无法进行生产而影响增值和获取利润所造成的经济损失，或是指资金借贷与经营者受损之后，在追加投资前因无法继续经营和借贷而影响金融资产增值和获取收益所带来的经济损失。间接损失有时候在量上要大于直接损失。间接损失可以用投入产出、分解分析等方法来识别。

（3）责任损失

责任损失，是因受害方对过失方的胜诉而产生的。只有既具备了熟练的业务知识，又具备了充分的法律知识，才能识别和衡量责任损失。另外，企业或单位各部门关键人员的意外伤亡或伤残所造成的损失，一般是由特殊的检测方法来进行识别的。

3. 系统化、制度化、经常化原则

风险的识别与衡量是风险管理的前提和基础，识别和衡量是否准确将决定管理效果。如果没有科学系统的方法来识别和衡量风险，就不可能对风险有一个总体的、综合的认识，难以确定哪种风险是可能发生的，不可能较合理地选择控制和处置风险的方法。风险分析对风险管理的意义是重大的，风险识别与衡量是风险分析的基本要素。风险的识别与衡量也必须是一个连续的和动态的过程。

4. 量力而行的原则

风险识别的目的就在于为风险管理提供前提和决策依据，以保证企业、单位和个人以最小的支出来获得最大的安全保障，减少风险损失。因此，在经费存在限制的条件下，企业必须根据实际情况和自身的财务承受能力来选择效果最佳、经费最省的识别方法。企业或单位在风险识别和衡量的同时，应将该项活动所产生的成本列入财务报表，作综合的考察分析，以保证用较小的支出，来换取较大的收益。

5. 科学计算的原则

风险在一定程度上是可以衡量的。这里所讲的风险可以衡量是指企业可以知道可能存在哪些风险，分别有哪些内容；这些风险发生的可能性有多大；如果风险发生带来的损失有多大等。风险识别和衡量的过程是对企业的生产经营状况及其所处的环境进行量化核算的过程。风险的识别和衡量通常以数学、统计学的工具为基础，在普遍估计的基础上，进行统计和运算，以得出比较科学和合理的分析结果。识别和衡量过程中的财务状况分析、投入产出分析、分解分析以及概率分析和损失后果的测量，都有相应的数学方法。所以，风险的识别和衡量应按照比较严格的数学方法来进行。

（三）企业风险识别特点

1. 系统性

风险识别是一项复杂的系统工程，对于一个企业来说，风险识别不能局限于某一部门或某一环节，而是对整个企业各个方面的风险进行识别和分析。主要包括企业的生产风险、运营风险、市场风险、人力资源风险、信息及信用风险等。风险识别不仅是风险管理部门的工作，还需要其他职能部门，如生产部门、财务部门、信息处理部门、人事部门等的密切配合，否则，难以准确、全面地识别风险。

2. 连续性

风险识别是一项连续性的工作，企业风险识别不可能是一成不变、一劳永逸的。随着企业及其经营环境的不断变化，风险经理必须时刻关注新出现的风险和各种潜在的风险。例如，企业从其他渠道中撤出，进入新的商业渠道；企业被收购或破产，企业经营的环境发生变化等，都会使企业面临不断变化的经营风险；政府法令和行政管理条例的变化，也会导致企业出现新的风险，如政府对职工权益保护法律的变化，会使企业面临法律诉讼风险。总之，企业要发展，就必须不断地识别各种风险，分析其对本企业发展的影响。

3. 制度性

风险识别是一项制度性的工作。制度性是指风险管理作为一项科学的管理活动本身需要组织上的保障，否则就难以保证此项工作的持续性和稳定性。

4. 长期性

风险是客观存在的，风险事故的发生也是一个从量变到质变的过程，风险事故的发生是风险因素的增加、聚集并进行一系列演化的结果。在风险因素发展、变化的过程中，风险管理人员需要进行大量的跟踪、调查。

5. 目的性

风险识别是否全面、系统，对风险管理的过程及结果具有直接的影响作用，识别风险的目的是为风险评价和风险应对提供依据。例如，风险管理人员的风险调查报告，是企业风险管理部门进行风险评价和风险管理决策的依据。

（四）企业风险事项识别方法

风险事项识别的方法有许多种，主要有风险损失清单法、财务报表法、流程图法等，这些识别风险的方法各具特色，又都具有自身的优势和不足。因此，在具体的风险事项识别中，需要根据企业所面临的情况，灵活地运用各种风险事项识别方法，及时发现各种可能引发风险事故的风险因素。下面给出几种企业在识别风险时常用的方法，这些方法从不同的角度分析、辨识风险，将这些方法系统地加以运用，对全面识别、分析企业面临的风险具有重要作用。

1. 风险清单分析法

风险清单，是指一些由专业人员设计好的标准的表格和问卷，上面非常全面地列出了一个企业可能面临的全部风险，风险管理人员可以对照表内所列的内容逐一检查避免遗漏风险。在此基础上，风险管理人员可对风险的性质及其可能产生的影响做出合理的判断，以研究对策来防止风险的发生。

1977 年，美国风险和保险管理学会制定了一份较全面的风险损失清单表。该表列出了人们已经识别的各种风险。该表将风险分成三个大类，并列出可能存在的风险因素，以帮助识别潜在损失及其成因。然而也应看到，由于保险业行业自身的特殊性，其公布的一览表主要限于可保风险，因此企业风险管理人员还必须考虑那些未包括在一览表中的潜在损失，即那些由于本企业的特殊性而面临的风险。因此，企业风险管理人员需结合自身行业和企业的实际，补充非可保风险，建立起自己的损失一览表，将一般性和特殊性结合起来，将使风险事项识别工作更有成效。

风险清单分析法的优点是它较为全面地列举了一个企业可能面临的风险，风险管理人员只需按清单逐一对照就可以找出企业目前所面临的风险，操作简单，但我们也看到，每个企业具有自身的特殊性，风险清单不可能包含企业所面临的全部风险，这容易使风险管理人员忽略一些特别的风险，给企业带来损失。

2.财务报表分析法

财务报表分析法是以企业的资产负债表、利润表、现金流量表资料为依据，对企业的固定资产、流动资产等情况进行风险分析，以便从财务的角度发现企业面临的风险。由于财务报表集中反映了企业财务状况和经营成果，因此通过对财务报表数据变动的分析，可以发现企业潜在的各种风险。这种方法是风险事项识别的有力手段，尤其在对财务风险的分析方面。财务报表分析的主要内容包括。

（1）财务报表趋势风险分析

趋势分析，是指对企业连续数期的利润表和资产负债表的有关项目进行比较，求出各个项目增减变动的方向和幅度，以揭示当期财务状况和经营状况的增减变化及其发展趋势。采用这种方法可以分析引起变化的主要原因、变动的性质，并预测企业未来的发展前景。趋势分析法的具体运用主要有以下三种方式。

①重要财务指标的比较

这是将不同时期财务报告中的相同指标或比率进行比较，直接观察其增减变动情况及变动幅度，考察其发展趋势。

对不同时期财务指标的比较，可以有以下两种方法。

A.定基动态比率

定基动态比率是把某一时期的数额确定为固定的基期数额而计算出来的动态比率。其计算公式为：

$$定基动态比率 = \frac{分析期数额}{固定基期数额} \times 100\%$$

B.环比动态比率

环比动态比率是把每一分析期的前期数额作为基期数额而计算出来的动态比率。其计算公式为：

$$环比动态比率 = \frac{分析期数额}{前期数额} \times 100\%$$

②财务报表比较

将连续数期的财务报表中相同项目的金额并列起来，比较其增减变动的金额和幅度，据此判断企业的财务状况和经营成果发展变化。财务报表的比较，具体包括资产负债表比较、利润表比较和现金流量表比较等。

在实际工作中，也可以采用编制趋势财务报表的方法来进行财务报表的比较。首先选择一个年度为基年，然后排列与基年相联系随后各年的报表项目。按惯例基年被设定为100。

③财务报表项目构成的比较

这是在财务报表比较的基础上发展而来的。它先计算出其各组成指标占财务报表中的总体指标的百分比，然后再比较各个项目百分比的增减变动，以此来判断有关财务活动的变化趋势。

运用这种方法最初的动机是，在进行财务报表的比较分析时，会因企业的"规模"差异而产生误导。例如，假设甲公司拥有2000万元负债，而乙公司拥有20 000万元负债，如果依此认为乙公司的杠杆程度比甲公司高就可能产生误导，因为我们不了解两个公司的总资产是多少。为此，在进行不同规模企业间的比较时，就必须控制规模差异，控制规模差异的途径之一就是将财务报表上的项目表达为一定的百分比形式。例如，将利润表上的项目表达为营业收入的百分比，将资产负债表项目表达为资产的百分比。通过观察和比较同一类型财务报表，我们就可以发现各公司之间财务状况与经营情况的差异，以免造成误导。

（2）财务报表的比率分析

比率分析，是指以同一会计期间的相关数据进行相互比较，求出相关数据之间的比例，并将该比例与上期比例、计划比例或者同行业平均比例进行比较，以说明风险管理单位的发展情况、计划完成情况或者与同行业平均水平的差距。财务比率指标主要有以下三种。

①构成比率法。构成比率法是以某项经济指标的各组成部分占总体的比重为依据，分析部分与总体的关系，了解项目指标结构上的变化。例如，长期借款占负债的比重，银行存款占资产的比重等。

②相关比率法。相关比率法，是指用两个有相互关系的指标进行对比，求出二者的比率。该比率能够反映风险管理单位有关经济活动的相互关系，可以为深入了解风险管理单位的生产经营活动情况提供依据。例如，利润与销售单价的比率，就反映了单价每变动一元所引起利润的变动情况。

③效率比率法。效率比率法，是指以某一项活动的投入同所得进行对比，求出二者比率，该比率反映了投入与产出的相互关系。例如，销售成本与销售收入的比率、资金占用额与销售收入的比率等。

（3）因素分析法

因素分析法是依据分析指标与其驱动因素的关系，从数量上确定各因素对分析指标影响方向和影响程度的一种方法。当分析某一因素的影响时，假定其他因素的影响不变就可以确定风险因素对风险事故的影响。

财务报表法的优点是由于财务报表是基于风险管理单位自身的、可靠的资料编制的，因此能够客观地反映风险管理单位的财务状况，通过对财务报表的研究和分析，可以识别出隐藏的潜在风险，防患于未然。该方法的缺点是专业性强，缺乏财务管理的专业知识是无法有效地利用该方法的。

3. 流程图法

流程图法是识别风险管理单位面临潜在损失风险的重要方法，它是指通过对公司业务过程的解读，将业务流程用图示的方法表达出来，对过程的每一阶段和环节逐一进行调查分析，并针对流程中的关键环节和薄弱环节调查风险、识别风险。

（1）流程图的类型

流程图的类型很多，划分流程图的标准也很多。

按照流程图路线的复杂程度划分，可以分为简单流程图和复杂流程图。简单流程图是将风险主体的生产经营过程按照大致流程进行描述，在进行风险事项识别时，用连线将主要流程的内在联系勾画出来。复杂流程图是将风险主体的生产经营过程进行详细的分析，用多条直线将生产经营过程中的每一程序及每一程序中的各个环节连接起来进行描述。

按照流程的内容划分，可以分为内部流程图和外部流程图。内部流程图是以风险主体内部的生产经营活动为流程路线而绘制的流程图，内部流程图用以揭示企业从原材料供应到制成品，直至销售出去这整个过程中存在的风险（图3-1-2）。外部流程图是以风险主体外部的生产经营活动为流程路线而绘制的流程图（图3-1-3）。

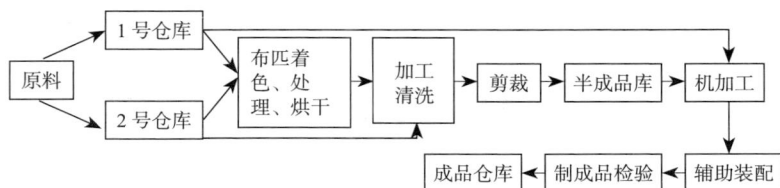

图 3-1-2 某公司内部业务流程图

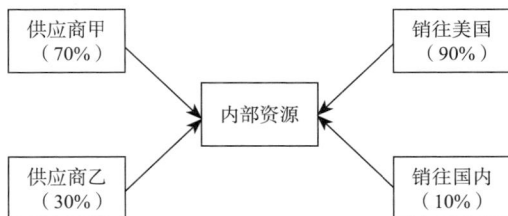

图 3-1-3 某公司外部业务流程图

按照流程图的表现形式划分，可以分为实物形态流程图和价值形态流程图。实物流程图是依据某种实务在生产全过程中运行的路线而绘制的流程图，各个环节中以及环节之间的连线上标出的是物品的名称和数量。价值流程图是用标有价值额度的流程路线来反映生产经营过程中的内在联系而绘制的流程图。

（2）流程图的分析

流程图绘制完毕后，就要对其进行静态与动态分析。所谓静态分析，就是对图中的每一个环节逐一调查，找出潜在的风险，并分析风险可能造成的损失后果。例如，分析时就要考虑以下类似问题：一号仓库和二号仓库防火警报有效吗？有面临火灾的风险吗？保卫系统可靠吗？有没有可能会发生盗窃的风险？机器设备带有防护设备吗？工人在操作时有没有可能会受伤？

类似这样的问题都是针对单独某个生产销售环节的，而动态分析则着眼于分析各个环节之间的联系，以找出那些关键环节。例如，某制衣公司的主料和辅料在加工清洗后都要汇到半成品库，然后再开始缝制，那么半成品库就是整个生产流程中一个非常关键的环节，一旦发生重大事故，公司将可能面临不能按合同如期交货而形成的产品责任风险；又如，该公司的产品90%用于出口，一旦进口国发生经济危机或采取某些关税政策，就会给公司带来经营风险。

由此可以看出，流程图法的思路是，依据供货、生产和销售的程序，将公司的整体运作分成若干个可以进行管理的环节，再逐一分析这些环节和环节之间的关系。这样有助于识别关键环节，并可进行初步的风险评估。流程图法的优点在于清晰、形象，基本上能够把生产运营环节中的所有风险揭示出来。但流程图可能过于笼统，它描述了整个生产过程，却不能描述任何生产的细节，这就可能遗漏一些潜在风险，而且流程图只强调事故的结果，并不关注损失的原因。因此，想要分析风险因素，就要和其他方法配合使用。

4. 因果图法

风险管理实务中，导致风险事故的因素很多，通过对这些因素进行全面系统地观察和分析，可以找出其中的因果关系。因果图法是日本东京大学教授石川馨于1953年首次提出的。石川馨教授和他的助手在研究活动中，用因果图法分析影响产品质量的因素，获得了很大的成功，并被世界许多国家的风险管理部门采纳。

（1）因果图的绘制

因果图法是用于分析风险事故与影响风险事故原因之间关系的一种比较有效的分析方法。在风险管理中，导致风险事故的原因可以归纳为类别和子原因，画成形似鱼刺的图，因此，因果图又称为鱼刺图。因果图是按照以下步骤绘制的。

①确定风险事故。因果图中的风险事故是根据具体的风险管理目标确定的，因果图分析有助于识别风险事故。

②将风险事故绘在图纸的右侧，从左至右画一个箭头，作为风险因素分析的主骨，接下来将影响结果的主要原因作为大骨，即风险识别的第一层次原因。

③列出影响大骨（主要原因）的原因作为中骨，作为风险分析的第二层次原因；用小骨列出影响中骨的原因，作为风险分析的第三层次原因，以此类推。

④根据影响风险事故各因素的重要程度，将对风险事故产生显著影响的重要因素标示出来，有助于识别导致风险事故的原因。在确定各风险因素对风险事故影响程度的过程中，常用的方法是实验法。实验法是指在可控的条件下，对一个或多个风险因素进行操纵，以测定这些因素之间的关系。

⑤记录必要的相关信息。在因果图中，所有的因素与结果不一定有紧密的联系，将对结果有显著影响的风险因素做出标记，可以比较清楚地再现出风险因素和风险事故的内在关系。

（2）绘制因果图的注意事项

在绘制因果图时，应该注意以下几个方面的问题。

①重要原因不遗漏。在确定引发风险事故的原因时，需要充分调查引发风险事故的各种原因，尽可能找出影响结果的重要原因，以免遗漏。在引发风险事故的各种原因中，确定重要原因对结果造成的影响，是因果图分析的关键；确定为非重要的原因，可以不绘制在因果图上。

②确定原因应尽可能具体。如果确定的导致风险的原因很抽象，分析出来的原因只能是一个大概，尽管这种因果分析图不会出现太大的错误，但是，对于解决具体问题的作用不大。

③风险事故的因果图需要根据结果分别绘制。例如，同一批产品的长度和质量都存在问题，这需要绘制两张因果图来分析长度和质量波动的原因。若许多结果用同一张因果图来分析，势必使因果图庞大而复杂，管理的难度大，难以找到解决问题的对策。

④因果图的验证。如果分析的导致风险事故的原因无法采取措施加以解决，说明问题还没有得到解决，需要进一步细分原因，直到能够采取相应的措施为止；绘制出来的图形如果不能采取具体的措施，不能称之为因果图。因果图在使用的过程中，需要不断地加以改进。例如，有些因素需要删减，有些因素需要修改，还有些因素需要增加，在反复改进因果图的过程中，可以得到对于识别风险有用的因果图。

（3）因果图法的局限性

在运用因果图法识别风险的过程，因果图分析具有以下几个方面的局限。

①导致风险事故原因调查的疏漏，会影响因果图分析的结论。从某种意义上说，风险因素调查是否充分，影响着因果图分析的结论。

②不同风险管理者对风险因素重要性的认识不同，会影响因果图分析的结论。由于风险管理者的风险意识、观念不同，风险管理者对于风险因素重要性的认识也不同，因此，风险管理者对于风险因素重要性的认识是否合乎逻辑，会影响因果图分析的结论，会影响到风险识别的结果。

③风险管理者的观念影响因果图识别风险的结论。风险管理者的主观想法或

者印象，影响着风险管理的结论，因此，在运用因果图分析问题时，可以借助统计数据来分析风险因素的重要性，这种分析比较科学，又合乎逻辑。

5. 现场调查法

现场调查法是一种常用的识别风险的方法。现场调查法是风险管理人员亲临现场，直接观察风险管理单位在生产经营过程中的操作流程、所使用的机器设备以及员工的工作环境等情况，调查其中存在的风险隐患。例如，保险公司对投保财产保险的投保人要调查其信誉、经营能力、安全管理能力等情况，其中对保险标的的现场调查主要包括：调查投保标的的风险性质、标的物的存放、标的坐落的地点和环境、安全设施是否齐全等。现场调查法的作用是，直接发现保险标的面临的潜在损失风险。

风险管理人员亲临现场调查，主要从事以下几个方面的工作。

（1）调查前的准备工作

风险管理人员在进行现场调查前，应该做好充分的准备工作。具体来说，主要包括以下几方面。

①时间安排。一方面要确定何时实施调查，另一方面要确定参与一项调查需要的时间。

②制作调查项目表。风险管理人员应对调查本身做一个详细的计划。即使小规模的企业，也存在着许多潜在风险。风险管理人员应确保采取合理的风险事项识别技术，以防止遗漏某些重要事项。现场调查往往采用相关表格来记录调查结果（表 3-1-1）。这不仅为现场调查提供了指导，也节省了调查时间，同时还降低了重要问题被忽视的可能性。

表 3-1-1　项目调查表

部门		项目名称		项目负责人	
调查人		调查实践		编号	
项目状况	存放地点	使用时间	潜在损失	已有控制措施	控制措施是否有效

③参考过去的记录。如果风险管理人员不是第一次调查该项目，那么他就应该参考过去的记录，检查一下是否存在尚未解决的问题，或者还有哪些需要再检查一遍的地方。

④选择重点调查项目。通过查阅过去的报告，风险管理人员可以重点调查以前曾经发现风险隐患的设备，并检查该问题是否已经解决。如果在过去的调查中没有发现问题或者这是第一次现场调查，那么最好是准备一张风险清单，上面应列明风险管理人员这一次应重点调查的项目。

（2）现场调查及访问

风险管理人员在进行现场调查和访问时，需要注意以下几个问题。

①对现场的每一个角落进行仔细地调查，不遗漏可能存在的风险隐患。

②风险管理人员要同工作人员交流、沟通，熟悉所调查的环境，这样有助于风险管理人员识别风险。

③重点观察那些经常引发风险事故的工作环境和工作方式。例如，某风险管理人员发现，某生产车间的机床经常发生故障，通过对机床的性能及工人的操作状况进行观察，发现是因为机床的某些零部件老化造成的。

④提出粗略的整改方案。在调查现场时，风险管理人员没有时间仔细思考调查现场的有关情况，但又要预防风险的发生，因而只能提出粗略的整改方案。例如，针对零部件老化的问题，风险管理人员提出的整改方案是，更换所有老化的部件。

（3）调查报告

现场调查结束后，风险管理人员需要撰写调查报告。调查报告是了解风险管理单位风险等级的重要依据，对此，风险管理人员应将调查时发现的情况如实上报，调查报告应该指出标的物的风险等级、危险点和整改方案等。

现场调查法的优点非常明显，风险管理人员可以借此获得第一手资料，减少了对中间人报告的依赖性。同时，在现场调查过程中，风险管理人员可以与工作人员进行沟通，建立良好的工作关系，向其宣扬风险理念，为以后风险管理措施的实施打下基础。现场调查法的最大缺点就是需要花费大量的时间，成本较高，因此，往往只能在某些重要环节的识别上采取现场调查法。

6. 层次分析法

（1）层次分析法概述

层次分析法（Analytical Hierarchy Process，AHP）是将与决策有关的元素分解成目标、准则、方案等层次，在此基础之上进行定性和定量分析的决策方法，以确定多目标、多方案优化决策问题中各个指标权重的决策方法。该方法是美国运筹学家匹茨堡大学教授萨蒂于20世纪70年代初提出的。这种方法因其可以利用较少的定量信息使决策的思维过程数学化，从而为多目标、多准则或无结构特性的复杂决策问题提供简便决策方法的特点，在我国社会的各个领域内得到了广泛的重视和应用，尤其适合于对决策结果难以直接准确计量的场合。

（2）层次分析法的基本思路——先分解后综合的系统思想

整理和综合人们的主观判断，使定性分析与定量分析有机结合，实现定量化决策，将所要分析的问题层次化，根据问题的性质和要达到的总目标，将问题分解成不同的组成因素，按照因素间的相互关系及隶属关系，将因素按不同层次聚集组合，形成一个多层析结构模型，最终归结为最底层（方案、措施、指标等）相对于最高层（总目标）相对重要程度的权值或相对优劣次序的问题。

例如，某人准备选购一台电冰箱，他对市场上的6种不同类型的电冰箱进行了解后，在决定买哪一款式时，往往不是直接进行比较，因为存在许多不可比的因素，而是选取一些中间指标进行考察。例如，电冰箱的容量、制冷级别、价格、形式、耗电量、外界信誉、售后服务等。然后再考虑各种型号冰箱在上述各中间标准下的优劣排序。借助这种排序，最终做出选购决策。在决策时，由于6种电冰箱对于每个中间标准的优劣排序一般是不一致的，因此，决策者首先要对这7个标准的重要度作一个估计，给出一种排序，然后把6种冰箱分别对每一个标准的排序权重找出来，最后把这些信息数据综合，得到针对总目标即购买电冰箱的顺序权重。有了这个权重向量，决策就很容易了。

（3）层次分析法的具体步骤

①确定系统的总目标，弄清规划决策所涉及的范围、所要采取的措施以及实现目标的准则、策略和各种约束条件等，广泛地收集信息。

②按目标的不同，将系统分为几个等级层次，建立一个多层次的递阶结构。

③确定以上递阶结构中相邻层次元素间的相关程度，通过构造两两比较判断矩阵及矩阵运算的数学方法，确定对于上一层次的某个元素而言，本层次中与其相关元素的权重。

④针对某一标准，计算各元素在系统目标中的权重，进行总排序，以确定递阶结构图中最底层各个元素在总目标中的重要程度。

⑤根据分析计算结果，考虑相应的决策。

层次分析法最重要的优点就是简单明了，它提出了层次本身，使得分析者能够认真地考虑和衡量指标的相对重要性，是一种十分有效的系统分析方法，广泛地应用在经济管理规划、能源开发利用与资源分析、城市规划、人才预测、交通运输、科研评估等方面。这种方法的缺点是比较、判断以及结果的计算过程都较为粗糙，不适用于精度较高的问题，且人为主观因素对整个过程的影响很大。

二、企业风险分析

（一）企业责任风险分析

责任风险与财产风险在风险的分析与评估方面有很大的不同。财产损失易于确定，但责任损失可能因诉讼的关系，不但时间拖得长，而且损失额的确定尤为困难。近年来由于环境风险日益引起人们重视，人们逐渐怀疑他们所处的环境是否安全。这种环境类风险所引发的责任诉讼，不但对专业的风险处理者——保险业，构成一大威胁，也增加了企业在处理此种风险时所面临的困难。

1. 责任与侵权行为的含义

所谓"责任"是对个人因未履行某项义务而发生的法律后果而言。因此本书所讨论的责任是属于法律责任而非道德义务。法律责任一般又分为民事责任与刑事责任两种。刑事责任属于人身专属权，无法以金钱来替代科刑。故本书所探讨的责任风险属于能用金钱来赔偿的"民事责任"。

至于"侵权行为"是指因故意或过失，不法侵害他人权利的行为。此种行为所导致的法律责任亦有民事与刑事之分，而企业风险经理主要关注的是民事的侵权行为责任，简称侵权责任。故侵权责任为民事责任之一种，亦为最重要的一种。

民事责任之范围分类，如图 3-1-4 所示。

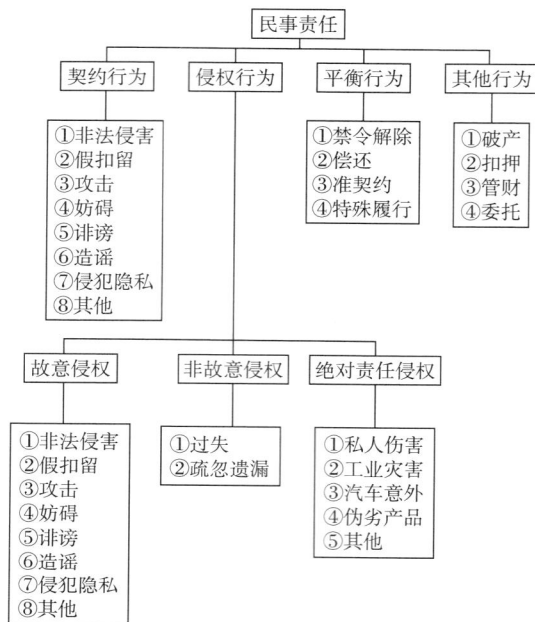

图 3-1-4　民事责任的范围分类

如图 3-1-4 所示，企业面临的责任风险来自以下几个方面：① 契约行为，② 侵权行为，③ 平衡行为，④ 其他行为。其中侵权行为是最主要的，故本书中若未言明，均指来自侵权行为的"侵权责任"。

2. 侵权责任的成立与抗辩

（1）侵权责任成立的要素

一般民法对侵权责任成立的要素：① 自己的行为。② 必须行为不合法。③ 行为须出于故意或过失。④ 行为已致他人受到损害（企业风险管理所关注的乃属财产损害）。⑤ 行为与损害间有因果关系。⑥ 行为人须有责任能力。

（2）抗辩理由

一般加害人对被害人的请求损害责任的赔偿可以下列两项理由提出抗辩。

① 自甘冒险。如被害人有下列两种情形之一：明知会有风险存在；自己自愿暴露于风险中，因而发生的损害，自然不能提出赔偿的请求。这种抗辩之理由，适用在主客观责任之案例中。例如，深夜搭乘便车，被害人明知司机饮酒过量，

导致了撞车受伤。此时司机可以被害人自甘冒险为由减轻责任。

②同有过失。在侵权责任的第三个构成要素中指出加害人的行为必须有过失，然而被害人必须能证明方可满足要素。但是一般情况下被害人自己亦有过失，亦即侵权行为的发生双方均有过失。此时加害人可以被害人"同有过失"为由不负侵权责任。这种抗辩理由为侵权责任成立的消极要素。

3. 几个重要的责任问题

（1）雇主责任

一般雇主对于员工须具备某种安全生产的要求：①雇主必须提供安全工作场所。②雇主必须雇用适任其工作的人员。③雇主必须显示危险信号。④雇主必须提供适当的、安全的工具。⑤雇主必须订立并实施受雇人的适当的安全操作规程。雇主如违反上述要求，致使员工蒙受伤害，则雇主自当负损害之责。然而若员工"同有过失"，在传统雇主责任观念下，自然不能主张损害的赔偿。但还要根据劳动保护法，看是否提供某种补偿。

（2）产品责任

所谓"产品责任"指厂商对其生产制造或经销的产品，因有质量问题而使消费者遭受身体伤害或财物损失等时，依法应负的损害赔偿责任。近年来由于产品具有许多未知的风险，导致产品责任观念得到突破性的发展。

（3）专业责任

专业人员由于处置失当及缺乏应有的专业技术或知识而导致的损害责任称为"专业责任"。此种专业责任常常是一种难以控制的风险。

（4）交通事故责任

交通事故的责任随着时代的发展有了不同的看法与解决方案。早期的风险的性质论认为车祸是个人的疏忽，损失亦涉及个人，从而视为特定风险，但近年来这种性质的归类则有转变。现代的观点不再视车祸是特定个人的问题而是整个社会的问题，从而将它视为基本风险的一种。

4. 责任损失的原因、形态及其金额的评估

（1）原因

一项责任问题的产生，其原因不外乎于物质因素与人为因素两类，而以后

者最为主要。我们在此以交通事故责任为例，叙述造成交通事故责任损失发生的原因，其人为因素不外乎下列几种：① 司机的过失。② 行人的过失。③ 交通安全观念的错误。④ 交通管理法令不够完善。⑤ 交警执行过于松懈等等。至于物质因素亦有：① 路面质量太差。② 交通安全标志故障。③ 汽车机件失灵或不良。④ 道路环境过于复杂。

（2）形态

不论何种责任风险所致的损失形态，均可归结为两大类：① 体伤损失责任，亦即过失侵权行为所致他人身体伤害或死亡的责任。② 财产损失责任，是对因为过失侵权行为所致他人财产毁损的责任而言。

（3）金额的评估

责任损失除了已发生的并已支付的，企业风险经理还应对下列两项进行估算：① 企业已接到责任损失索赔的通知，但支付金额未定。② 责任损失已发生但未收到索赔通知。因责任损失从发生经索赔通知到支付赔偿金，常常由于拖延时间过长（可能一年、二年、三年甚至更长时间），使得企业风险经理无法及时对责任风险做一个恰当的管理。故就某年责任损失的估算、必须对上述①、②两项提存预备金。反观财产损失金额，由于具有较为客观的依据和标准，故能于极短的时间内予以确定且及时地加以管理。在论及责任损失金额的估算前，了解损失发生的事故年度是必要的。所谓事故年度，即为责任损失发生的所属年度。

（二）企业人身风险分析

土地、资本和劳动是经济学上所称的生产三要素，其中劳动是人们所提供的劳务。人们"愿意"提供劳务是有一定前提的。例如，工作环境是否安全舒适、待遇报酬是否合理、福利制度是否完善等均能影响人们劳务的提供。而人们"能"提供劳务，则除其个人应有企业所需的专业技能外，还需有健康的身体。健康对于人犹如阳光对于大地，一个人失去健康等于失去了一切财富、权势等。因此，企业的员工如没有健康的身体，或一位极具价值的重要干部身亡，对企业而言均是一项重大的损失。故企业风险管理除应重视财产及责任风险的管理外，人身风险的处理亦是一项主要的工作。企业人身风险管理包括两个主要对象：一是个别员工因死亡、健康不良和年老所致企业的损失，二是企业本身可能面临的特殊损失。前者包含了某些家庭人身风险管理的运用，后者则属企业人身风险所特有。

1. 个别员工的人身损失

个别员工的人身损失主要有 4 项，即死亡、健康不良（包括伤残和疾病）、年老和失业。企业风险经理如对企业员工们面临的这些人身风险，加以妥善的注意与管理就可以降低这些风险所带来的损失成本的增加，改善劳资之间的关系并提高生产力。企业重视个别员工人身风险的管理、最主要的是改善劳资关系，吸收优秀人才，增强员工对企业的向心力，降低人事流动率，可满足雇主对员工福利的责任感，增加和维持良好的公共关系，可免于社会保险不断扩张的威胁。企业主深恐社会保险扩张的结果会导致政府对企业的直接干预而造成许多不便。

了解了上述好处，我们将进一步分析个别员工所面临的重要人身风险损失的性质和重要性。

（1）死亡

生、老、病、死，佛经上称为"人生四苦"，它形成三种重要的人身风险：死亡、疾病及年老。显然，人的一生中必然会遇到这三种风险，如何管理此类风险确实是需要讨论的问题。

人类死亡的原因众多，除疾病原因外，还有自杀及自伤等。至于影响死亡率高低的因素则有：①年龄。②性别。③身高与体重。④家族史。⑤生理状况，如血压、心率等状况。⑥个人的病历。⑦职业。⑧不良嗜好（如喝酒、抽烟等）及用药的习性。⑨道德修养。⑩居住、旅行的地区。⑪兼职状况。⑫种族等。而由各种年龄死亡率构成的汇总表称为"生命表"（Mortality Table）。企业风险经理管理人身风险尤其应该了解上述影响死亡率高低的因素，并可参考运用各种生命表，以规划管理人身风险。

各种死亡人身风险所致的损失有二。

①收入能力的损失。此损失应按美国保险学家 S.H.Solomon 的"生命价值"观点，来计算收入能力损失，进而决定个人人寿保险的金额，其步骤有：第一步，预计个人工作年数及每年的税后收入；第二步，自税后收入扣除每年所需的生活费用；第三步，将第二步中的差额按市面上的利率折算为现值，即收入能力的损

失及人寿保险的金额。

②额外费用的损失。此损失主要包括：死亡的善后费用；遗产税；遗产管理人的各项有关费用。

（2）健康不良

前述的死亡风险，不论是自然死亡还是意外死亡的损失，从风险经理的角度而言，计算均属相同。但健康不良的风险所致的损失，则按其程度的差别而有所不同。而健康不良的风险具体言之，是指因意外事故所致人体的伤残、疾病和伤害。上述3种所致的损失形态亦大致为二：一为收入能力的损失；二为额外费用的损失。

收入能力损失评估，则根据员工工作能力丧失程度的不同而不同。工作能力丧失的程度按风险经理的用途，主要分为两种：一种为全部或永久工作能力的丧失；另一种为暂时或部分工作能力的丧失。全部工作能力丧失者其收入能力损失的评估类似于死亡损失的评估，但不考虑死亡损失评估中的生活维持费用一项。至于部分工作能力丧失所致的收入能力损失的评估与全部工作能力丧失的情况相同。但有两点不一样：一是年数缩短；二是税后收入减少。

健康不良所致的另一项损失形态为额外费用的损失。这种损失评估所需考虑的因素相当多，如住院费用、外科手术费、看护费用、病房费、假肢安装费以及其他医疗费用。

企业风险经理对健康不良所致损失的原因，主要考虑的是员工的职别及工作环境而非员工的年龄。

（3）衰老

人于年老时所面临的经济问题主要是收入能力的丧失或降低以及必要的生活费用。个人解决的主要办法为储蓄和投资有价证券，但不管储蓄或投资均可能因种种原因而降低其效果，从而使得依靠企业来规划员工老年退休后的经济生活问题，成为必要且重要的一项事情。

（4）失业

失业风险通常起源于经济因素。失业大致可分为自愿性失业和非自愿性失业，而其性质由早期的特定风险演变为现代的基本风险，故通常为各国政府所谋求解决的问题，亦为企业风险经理所关心的问题。

对于失业风险所致个别员工收入能力损失的评估与工作能力丧失所致损失的评估相同，在此不再赘述。

2. 企业本身的损失

企业风险经理除关注个别员工人身损失之外，还应注意下列三种主要的企业损失：关键人员损失；信用损失；业务清算损失。分别论述如下。

（1）关键人员损失

所谓企业的关键人员指一位具有特殊技能才华和知识的职员，如其死亡或是处于全部工作能力丧失的状态时，将导致企业生产销售业绩的减少，增加不必要的成本并且使企业的信用大打折扣者，此种职员即可称得上关键人员。

（2）信用损失

有些企业会面临顾客因死亡或全部工作能力丧失所致的信用损失，此亦起源于人身风险的企业损失。企业如果贷款给客户或办理分期付款等信用交易，如该客户死亡或工作能力丧失，则将影响未付款的支付，此种潜在的可能损失，风险经理亦应一律注意。

（3）业务清算损失

当企业经营失败时，不管任何组织均需清算债务，其商誉将因资产的变卖而丧失价值，而员工亦会因企业的业务失败而受影响。这些均属企业业务清算方面的损失。

（三）金融市场风险分析

金融市场风险，是指在资金的融通和货币经营的过程中，在各种事先无法预料的不确定因素的影响下，资金经营者的实际收益所面临的不确定性。金融市场风险与一般的风险概念不同，它是专门针对资金借贷而言的风险。例如长、短期资金借贷以及资金经营风险、证券投资、外汇投资等金融活动所带来的风险等，因此，它的外延比一般风险的外延范围小。同时，金融市场风险具有双重结果，既可能导致经济损失，也可能带来额外收益，它的内涵比一般风险要丰富。按照表现形式的不同，金融市场风险可以分为信用风险、市场风险、流动性风险、经营风险、法律风险、国家风险等。

1. 信用风险

信用风险，是指交易对手不履行责任而导致的风险，即交易对手不能或不愿按照合约的约定还款付息而使企业遭受损失的风险。此外，信用风险还包括由于债务人信用评级的降低，致使其债券的市场价格下降而导致的损失风险。企业的很多交易都涉及信用风险，它既存在于传统的贷款、债券投资赊销商品、预付货款中，也存在于信用担保、贷款承诺以及场外的信用衍生工具交易业务中，是最为复杂的风险。

信用风险的风险因素来源于主观和客观两个方面。主观风险因素主要指债务人是否有还款意愿，可以从债务人的品质、以前的信用记录等方面进行考察。客观风险因素主要指债务人是否有能力还款，这可以由债务人的财务状况、经营状况等决定。

2. 市场风险

市场风险，是指市场价格水平或其波动幅度的不利运动给机构财务状况带来的风险。市场风险有四种，即汇率风险、利率风险、证券价格风险和商品价格风险。汇率风险，是指金融工具的价值因外汇汇率变化而波动的风险。总体而言，一国的经济实力是影响该国货币汇率变动的最基本因素，生产发展速度快，财政收支状况良好，物价稳定，则该国货币升值。利率风险，是指金融工具价值因市场利率变化而波动的风险。利率风险的影响主要表现在两个方面：一是会导致企业现金流量的不确定性，从而使融资成本和收益不确定；二是会对企业的经营环境产生影响，进而影响到企业的利润。证券价格风险，是指证券价格的不确定变化导致投资人遭受损失的不确定性。证券价格风险的影响因素有很多，涉及政治、经济、社会、心理等很多方面，甚至还与一些自然风险有关。商品价格风险指因商品价格的不确定变化使得企业面临损失的风险。应当指出的是，市场风险体现的不仅是潜在的损失，也包括潜在的利益。

3. 流动性风险

流动性风险，是指企业持有的商品、金融工具不能迅速变现的风险。流动性风险包括现金流量风险和筹资风险。现金流量风险，是指市场缺乏交易对手而致使投资者无法平仓的风险，由于市场深度、广度不够或由于市场突发事件导致机构不能或不能顺利地以原来市价或以接近原来市价的价格将一定头寸对冲或出售，这种风险是与货币性金融工具相关的未来现金流量金额波动的风险。筹资风险，是指企业在筹资过程中遇到困难（如机构在结算日或在需要追加保证金时无力支付）从而不能履行与金融工具有关的承诺的风险，或为偿付与金融工具有关的承付款项而筹资时可能遇到困难的风险，也可能是因为不能尽快以接近其"公允价值"的价格出售而导致的风险。

4. 经营风险

经营风险，是指因一些经营管理方面的不确定性而使企业遭受损失的风险。经营风险主要体现为决策风险和操作风险两方面。决策风险是由于决策者错误地制定公司的发展策略或计划而导致的风险。在领导者制定决策的过程中，如果经营方针不明确，信息不充分或错误，对业务发展趋势把握失策等，都可能在经营方向、范围、策略上出现失误，从而使企业遭受损失。决策风险源于环境因素的变化。例如，竞争对手改变了原有的业务格局，宏观经济环境发生了重大变化，发生了地震以及其他不能控制的灾害等。这些情况一旦发生就会使事先制定好的决策面临一定的不确定性。操作风险，是指在决策的执行过程中发生的风险。当决策信息传达的时候，如果没有及时传达到有关人员、传达中发生偏差、执行时因故意或疏忽的原因违规操作、信息系统以及风险评估模型不完善等因素，都会导致操作风险。企业在业务运行的过程中，其中任何一个因素都有可能出现某种失误。

5. 法律风险

法律风险，是指由于法律或法规方面的原因而使企业的某些市场行为受到限制或合同不能正常执行而导致损失的风险。法律风险主要包括合规风险和监管风险。当交易双方不具备法律法规赋予的交易权利，违反国家有关法规进行市场操作、内幕交易等，都会导致法律风险。由于各国的法律法规有所不同，对不同类型金融机构的监督要求不同，不同交易对手的法律风险存在较大差异。

6. 国家风险

国家风险指的是在国际经济活动中发生的，至少在一定程度上由外国政府控制的事件或社会事件引起的，而非企业或个人控制下的事件造成的，给国外债权人（出口商、银行或投资者）造成损失的不确定性。

根据引发风险的事件性质的不同，国家风险可分为国家政治风险和国家经济风险两类。国家政治风险，是指由于一个国家的内部政治环境或国际关系等因素的不确定变化而使他国的经济主体遭受损失的可能性。国家政治风险的主要表现形式包括：货币的非自由兑换、没收或国有化、战争或内战、合同拒付、政府消极行为、事件干预和法律环境恶化等。国家经济风险，是指由于经济原因造成一个国家不愿意或不能够偿还其外债或承担外部责任的风险，与国家经济风险有关的因素包括：经济体制、通货膨胀、宏观经济政策、自然资源、经济规模、国际储备和外债负担等。

第二节　企业风险衡量与评估

一、企业风险衡量

（一）企业风险衡量概念

企业风险衡量（Risk Measurement）是企业在对过去损失资料分析的基础上，运用概率论和数理统计的方法对某一特定或者几个风险事故发生的概率和损失程度做出估计，以此作为选择风险管理技术的依据。对于风险衡量的概念我们可以从以下几个方面来理解。

1. 风险衡量的基础是充分、有效的数据资料

为了使风险衡量的结果客观地反映过去发生的风险事故的状况，预测未来可能发生的状况，需要风险管理人员掌握完整的、一致的、有关主题的和有组织的相关资料，以增强风险衡量结果的准确性。对此，要求搜集到的资料具备以下条件。

（1）数据资料的大量性

风险衡量使用的数据资料是通过对大量同类现象进行观测所取得的结果，或者对同一风险事故大量反复观测所取得的数据资料，而不是反映个别事件的个别

数据。例如，个别历史事件的记载、个别会计数据、某人的验血结果、个别学生的考试成绩等，虽然也是数据资料，但是不具备大量性，因此不能成为衡量风险的数据资料。提高预测损失程度的可靠性，需要增加被考察风险主体的数量。被考察风险主体数量越多，对未来损失程度的预测就越接近于实际损失。

（2）数据资料的具体性

风险衡量使用的数据资料是已经发生的事实记载，而不是拟议中的数据。例如，计划数据、质量标准或技术规范等，尽管也是数据资料，但不能作为风险衡量的数据。

（3）数据资料的同质性

风险衡量使用的数据资料必须具备某种或者某些共同特征，这样的共同特征是构成总体的依据，即数据资料的同质性。如果数据资料为不同质风险的资料，那么就无法衡量风险。

（4）数据资料的相关性

风险衡量使用的数据必须与某一具体因素导致的风险事故密切相关，不具有相关性的数据资料可以不予采用。

2. 风险衡量是对损失频率和损失程度量化分析的过程

风险衡量的结果可以为风险评价提供依据，也可以为风险管理者进行风险决策管理提供依据。统计分析和频率分析是衡量风险的重要工具和手段，也是风险衡量具有科学性的重要原因。

3. 风险衡量是风险管理的重要手段

风险衡量是风险管理的重要手段，也是风险管理的一个重要环节。但是，风险衡量不是风险管理的目的，它只是为风险管理者处理风险提供依据而已，风险管理的目的是选择防范和处理风险的有效办法。

（二）企业风险衡量的理论基础

1. 大数法则

大数法则为风险衡量奠定了理论基础，即只要被观察的风险单位数量足够多，就可以对损失发生的频率、损失的严重程度衡量出一定的数值来。被观察的风险单位数量越多，预测的损失程度就越可能接近于实际发生的损失。

2. 频率推理原理

单个风险是随机事件，事件发生的时间、空间、损失严重程度都是不确定的。但是，总体而言，风险事故的发生又会呈现出某种统计的规律性。运用概率论和数理统计的方法，可以推断风险事故状态的频率。

3. 类推原理

数理统计学为从部分去推断总体提供了成熟的理论和众多有效的方法。利用类推原理衡量风险的优势能够弥补统计资料的不足。在风险管理实务中，进行风险衡量时，往往缺乏足够的以往损失的统计资料，而且由于时间、经费等许多条件的限制，很难甚至不可能取得所需要的、足够的统计资料。根据事件的相似关系，从已经掌握的实际资料出发，运用科学的衡量方法而得到的数据，可以基本符合实际情况，满足风险衡量的需要。

4. 惯性原理

在风险事故发生作用的条件相对稳定的基础上，利用事物发展的惯性原理，可以预测未来风险事故发生的损失和损害程度。值得注意的是，风险发生作用的条件并不是一成不变的，风险衡量的结果会同实际发生的状况存在一定偏离，这就需要在风险衡量的过程中，不仅要考虑引发事故的稳定因素，还要考虑引发事故的偶然因素。

（三）企业风险衡量的步骤

（1）根据风险事项识别与分析的条目，有针对性地进行调查并收集相关资料。

（2）根据调研结果和经验，运用现代定量分析方法，预测风险发生的可能性，并予以量化。

（3）根据风险程度的高低排定次序。例如，在新产品推广的过程中，风险管理人员可以通过与销售人员交谈、向消费者发调研问卷等形式进行调研收集相关资料，并根据调研的结果和经验，确定该产品在市场上成功推出的可能性，以及将来可能遭受的风险及损失。

这里应注意的是：风险是不断变化着的动态事物。基于这种动态条件的预测和分析，其结果不可能做到精确可靠。所有衡量风险的目的，都是尽量避免项目失控和为具体项目实施过程中的突发事件预留足够的后备措施和缓冲空间。

（四）企业风险衡量的作用

风险的有效衡量，对经济单位个体乃至整个社会，都有十分重要的作用，具体表现为：

1. 有利于降低不确定性的层次和水平

不确定性，是指对未来事件发生的有关情况一无所知，既不知道哪个事件会发生，也不知道每个事件发生的可能性。风险管理的目的就是要降低不确定性的层次和水平。例如，一位风险投资者想要购买某只股票，他就会对这只股票以往的走势进行分析，并且会关注这家上市公司近期的经营业绩，如果对这些资料的分析显示这只股票的价格会上涨，他就有可能会购买这只股票，并在这次操作中获利。这位风险投资者之所以能够获利，是因为他获得了准确的股票信息，降低了不确定性的层次和水平。

一般来说，人们无法得到或者准确预测损失的不确定性，但是，可以大致划分风险的层次和水平（表3-2-1），争取达到较低水平的不确定性的目的。

表3-2-1　确定性与不确定性的等级分类

不确定水平	特征	举例
无（确定）	结果可以精准预测	物理定理，自然科学
水平1（客观不确定）	结果确定和概率可知	硬币，骰子
水平2（主观不确定）	结果确定但概率不可知	自然灾害，车祸
水平3	结果不完全确定，概率不可知	基因研究，太空探测

2. 有利于减轻经济单位个体和社会的负担

由于风险的存在，给人们的生产和生活带来了消极影响，经济单位个体需要为之付出代价，社会也必须为之付出代价。风险衡量一方面使得人们认识到风险发生的可能性（概率）及损失的范围和程度，从而及时采取有效措施，改变风险因素，以最小的风险处理费用，使风险损失达到最小，从而减轻经济单位个体和社会的负担。另一方面，风险衡量使得各经济单位的资源得以有效利用，这不仅会使风险处理的社会成本下降，也会增加全社会的经济效益。

3. 风险衡量有利于提高企业经济效益

通过风险衡量，可以降低企业遭受风险的损失，从而直接增加企业的经济效益。这种作用主要表现在：有效的风险衡量会使企业上下获得安全感，并增强扩展业务的信心；风险衡量有助于增加领导层经营管理决策的正确性；风险衡量有助于减少企业利润和现金流量的波动；在决定是否开展某种业务时，如果能对其纯粹风险进行正确的处理，那么其业务经营会变得更为明智与有效。

（五）企业风险衡量的指标

在占有大量数据资料的基础上，衡量风险需要做好两方面的工作：一是估计损失发生的次数，即损失概率。损失概率测量的是在单位时间内损失发生的平均次数。例如，某地区每年发生地震的损失频率为 0.1，说明该地区可能每十年发生一次地震。二是估计损失程度，即每发生一次风险事故造成的最大损失额。例如，每发生一次地震会给该地区造成经济损失 2.5 亿元，这就是对损失程度的估测。

1. 损失概率

损失概率，是指损失发生的可能性，确定损失概率是风险衡量的一个重要方面。某一事件的发生与否往往存在一种统计规律性。例如，掷一枚硬币，出现正面朝上，或反面朝上的情况均有可能，若以"正面朝上"为一事件，那么每掷一次硬币，这一事件都有可能出现，如果重复掷多次，出现正面朝上的次数，称为事件发生的频率。随着所掷次数的增加，频率趋向一个定值为 1/2。这种事件发生频率随着重复掷的次数的无限增加，频率趋向于一个常数的性质，我们称这个事件的发生存在着统计规律性，这个常数即事件发生的概率。因此，我们用损失发生频率作为损失概率的估计值，在风险计量中，我们通过对损失频率的计算来达到估计损失概率的目的。

关于损失概率在风险衡量中的应用，目前主要有两种说法。第一种是时间性说法（Temporal Interpretation）。此种说法侧重于时间的观念，指在一段时间内发生的概率。例如，某企业仓库遭受火灾损失的概率为 1/10，风险管理人员若以"月"为单位，那么仓库每十个月就有一次火灾损失。如果风险管理人员以"年"为单位，则这个企业仓库遭受火灾损失为每十年一次。故采用时间性说法有两点值得注意：其一是时间单位的采用不同，在直觉上损失概率的大小亦不同，如前述十年一次和十个月一次损失，显然前者的说法概率较低；其二是这种说法通常是在经济单位并不拥有许多同类风险单位的情况下使用。这是因为经济单位如果不拥有许多同类风险单位，则难以在短期内预测有多少单位受损，因此采用时间性说法对风险管理人员是有用的。

在保险中，事故超额分保的层次划分通常采用时间性说法，一般将层次分为低层、中层和高层，其一般界限是：

（1）低层——预计有损失发生，可能每年会有一次赔付。

（2）中层——仅在有较大的巨灾事故时才会有赔付，10~39年可能发生一次。

（3）高层——当有严重的巨灾事故发生时才会有赔付，约40年以上可能发生一次。

第二种是空间性说法（Spatial Interpretation）。此种说法侧重于在特定时期内遭受损失的风险单位数，是众多风险单位在空间上的平均结果。因此风险管理人员不能仅考虑本经济单位自己的风险单位在过去的损失情况，而且还要把同类的其他经济单位的风险单位的损失经验考虑进来。例如，考虑交通事故发生的概率，不仅要考虑一个地区发生交通事故的概率，更要考虑全国乃至全世界交通事故发生的状况。

在采用空间性说法时，应注意的是被观察的风险单位应该是相互独立和同质的两项条件。所谓"相互独立"是指风险单位之间绝对存在差异，此种差异可能来自各种原因（如所在地区、防范等级等），就某种风险而言，一个风险单位遭受损失，并不意味着其他单位也遭受损失。"同质的"是指风险单位面临的风险是相同的，而且风险单位所遭受的来自特定风险事故的损失概率和损失程度也是相同的。例如，某企业拥有10台机器，其中一台价值200万元，另外九台仅值50万元，如发生火灾价值200万元的机器损失幅度大于另外九台，故此值200万元的机器所面临的火灾风险与其他机器是不同质的。

2. 损失程度

风险损失程度，是指风险事故可能造成的损失值。风险管理人员应根据经济单位自身的特点，采用不同的方法来衡量损失程度，最基本的是估测单一风险单位在每一事件发生的最大可能损失和最大预期损失。所谓的"事件"与"风险事故"的概念有所不同，"意外事故"是指事故的发生是不可预测的，而"事件"

包括的范围较大，不仅包括意外事故，而且包括意料之中的事故。例如，对一个企业的财产进行全保险，如果发生火灾，对企业来说这是一次"意外事故"，而对保险公司，就其全部承包的财产险来说，这是可预测的"事件"。对于企业重点研究的应是"每一事件"，因为企业所考虑的是可能引起企业财产损失的所有因素；而对于保险公司，为限制其赔偿责任，常采用"每一意外事故"的观念。但有时也采用"每一事件"的观念，如终身寿险中的死亡给付责任。

最大可能损失与最大预期损失。最大可能损失，是指单一风险单位在企业生命周期内，单一事件发生时可能产生的最坏损失，其特征是以企业生命存在期间为观察期，而最大预期损失强调的是单一风险单位在单一事件发生时可能产生的最坏损失，它不以企业生命存在期间为观察期。最大可能损失是一种客观存在，与人们的主观认识无关。而最大预期损失则是一种与概率估算有关，即与人们的主观认识有关的概念，它随着人们选择概率水平的不同而发生变化。一般来说最大可能损失不会低于最大预期损失。例如，一栋楼房价值 1000 万元，如果遭遇地震则最大可能损失就是 1000 万元；而从概率的角度考虑，该地区大地震发生的概率很低，百年不遇一次，损失概率为 1%，估计最大损失为 100 万元。还有人估计可能 50 年有一次，则估计最大损失为 500 万元。可见估测最大损失较为困难，但也最为有用。

估计最大可能损失和最大预期损失后，有时还需要估计年度最大可能损失和年度最大预期损失，这两种损失均可成因于单一风险，也可成因于多种风险，它们可包括各种风险事故所致众多风险单位的所有类型损失。年度最大预期损失是面临风险的单个单位或单位群体在一年内可能遭受的最大总损失量。与最大预期损失一样，这种损失量是依据风险管理人员选择的概率而定的，但与最大预期损失不同的是，这种度量并不仅指一次事件的严重性，而是应依据事件的个数及它们的严重性而定。

阿兰·费雷德兰德提出用四种方法衡量一栋建筑物因发生一次火灾遭受的实质损失。

（1）正常期望损失。当单位和公共保护系统均有效时，发生一次火灾造成的预期损失金额。

（2）可预期的最大损失。当保护系统的一个关键设施，如自动灭火器不能提供服务或无效时，发生一次火灾所造成的预期损失金额。

（3）最大可预见损失。当单位保护系统的任何设施都失去作用时，发生一次火灾预期的损失金额。

（4）最大潜在损失。当单位和公共保护系统均失去作用时，发生一次火灾造成的预期损失。

有时由于损失概率较小，而一旦发生造成的经济损失又非常可怕，甚至是毁灭性的，因此估算损失程度比估算损失发生的概率更为重要。但是，并不是任何情况下都是如此，有时估测损失概率比估测损失程度更为重要。

（六）企业风险衡量方法

1. 情景分析法

情景分析法（Scenario Analysis），是指通过假设、预测、模拟等手段生成未来情景（风险因素），并分析其对目标产生影响的一种分析方法。

情景分析法是由美国 SIIELL 公司的科研人员 Pierr Wark 于 1972 年提出的。这是一种自上而下的，考虑"如果—什么"问题的分析方法，衡量的是某种风险或者风险组合发生时对企业的影响。情景分析法对以下几种情况特别有用。

（1）提醒决策者注意某种措施或政策可能引起的风险或危机性的后果。

（2）建议需要进行监视风险范围。

（3）研究某些关键性因素对未来过程的影响。

（4）提醒人们注意某种技术发展会给人们带来哪些风险。

情景分析的设计是一个复杂而且困难的过程，通常需要利用不同部门、不同背景的人士的专业知识，它是一个非常主观的评估公司策略优劣的方法，其主要步骤如下。

（1）定义情景。有两种方法可以帮助我们定义情景。第一种是考察历史上的风险事件或其他企业曾经遭遇过的风险事件（如 1987 年的股市崩盘、1997 年的亚洲金融危机、三鹿集团的三聚氰胺案以及丰田公司的汽车召回门事件等），并考虑类似的事件在今天出现在自己的企业中将会发生什么情况。第二种就是假设全新的环境，它们可能由灾难性事件（如自然灾害或战争）或宏观经济形势的长期变化（如 2008 年的美国次贷危机）所导致。

（2）推断风险因子。如果一个情景被选定，第二步就是要识别出会被这些情景影响的所有相关风险因子以及这些情景影响程度的大小。

（3）制定应对措施。这一步主要包括界定先于情景出现的早期预警系统以及当该情景出现时风险管理人员应当采取的行动。

（4）定期评估情景。风险管理人员应该定期评估被开发出来的情景分析体系，并根据市场环境的变化及时调整情景。

情景分析法是一种适用于对可变因素较多的项目进行风险预测和识别的系统技术，它是在假定关键影响因素有可能发生的基础上，设定出多重情景，推出多种未来的可能结果，以便采取适当措施防患于未然。情景分析法自 20 世纪 70 年代中期以来在国外得到了广泛应用，并产生了目标展开法、空隙添补法、未来分析法等具体应用方法。一些大型跨国公司在对一些大项目进行风险预测和识别时都陆续采用了情景分析法，但因其操作过程比较复杂，目前此法在我国的具体应用还不多见。

2. 压力测试法

压力测试是情景分析的特殊形式，它是用来分析评估那些具有极端影响的事项一旦发生将会给企业带来的影响，并据此制订改进措施的方法。压力测试不同于一般的情景分析，因为它关注的是单个事项或活动在极端情景下的变化对企业产生的直接影响。而情景分析更加关注正常规模的变化所产生的影响。压力测试通常用来评估经营事项或金融市场活动中各种变化的影响，目的是避免大的意外和损失。例如，压力测试包括估计下列事项迅速和大规模变化的影响：产品生产缺陷的增加；外汇汇率的变动；利率的变动；金融衍生工具所基于的一个基础因素价格的变动；固定收益投资组合价值的利率增加；影响一个生产厂家运营成本的能源价格提高。压力测试法的具体步骤如下。

（1）针对某一风险管理模型或内控流程，假设可能会发生哪些极端情况。极端情景是指在非正常情况下，发生概率很小，而一旦发生，后果十分严重的事项。

（2）评估极端情景发生时，对目标可能造成的损失。

（3）制订相应措施，进一步修改和完善风险管理模型或内控流程。

以运营风险管理为例。例如，一个企业已有一个稳定的生产环境和销售渠道，除发生极端情景以外，企业的生产和销售一般不会受到影响。因此，在日常交易中，该企业只需应用常规的风险管理策略和内控流程即可。采用压力测试方法，是假设该企业在未来发生极端情况（如其财产被毁于地震、火灾、被盗或生产的劣质产品使企业信用突降），给企业造成了重大损失，而该企业常规的风险管理策略和内控流程在极端情景下不能有效防止重大损失事件，为此，该企业采取了购买保险或相应衍生产品、成立应急小组等措施。

3. 敏感性分析

敏感性分析是通过分析、预测项目主要因素发生变化时对经济评估指标的影响，从中找出敏感因素，并确定其影响程度。项目对某种因素的敏感程度可以表示为该因素按一定比例变化时引起评估指标变动的百分比，也可以表示为评估指标达到临界点时允许某个因素变化的最大幅度，即极限变化。简而言之，敏感性分析法就是测定各种对项目效益影响因素的变化，对投资项目经济效益的影响程度。例如，计算当销售价格或原材料价格变动一个百分点时，企业损益变动的百分比是多少，这就是在进行敏感性分析。

以利润敏感性分析为例。通常情况下，影响企业利润的因素主要有四个：产品的价格、产品的单位变动成本、产品的销售量和产品的固定成本。其中任何一个因素的变动都会引起企业利润的变动，甚至会使一个企业由盈变亏，也会使一个企业扭亏为盈。那么企业决策者如何在激烈变动的外部环境下作出正确决策，借助敏感性分析，企业管理者可以对此类问题有一个明确的认识。

所谓利润敏感性分析是指当制约利润的有关因素发生某种变化时，研究利润变化程度如何的一种分析方法。影响利润的因素很多，如售价、单位变动成本、销量、固定成本等。在现实经济环境中，这些因素是经常发生变化的。有些因素增长会导致利润增长（如单价），而一些因素增长却会使利润降低（如单位变动成本）；有些因素略有变化就会使利润发生很大变化；而有些因素虽然变化幅度较大，却只对利润产生微小的影响。所以对一个企业管理者来说，不仅需要了解哪些因素对利润增减有影响，而且需要了解影响利润的若干因素中，哪些因素影响大，哪些因素影响小。那些对利润影响大的因素称为敏感因素，反之，则称为非敏感因素。反映敏感程度的指标是敏感系数：

某因素的敏感系数 = 利润变化（％）/ 该因素变化（％）

其判别标准是：

①敏感系数的绝对值＞1，即当某因素发生变化时，利润发生更大程度的变化，该影响因素为敏感因素。

②敏感系数的绝对值＜1，即利润变化的幅度小于影响因素变化的幅度，该因素为非敏感因素。

③敏感系数的绝对值＝1，即影响因素变化会导致利润相同程度的变化，该因素亦为非敏感因素。

一般而言，在对利润产生影响的各个因素中敏感度最高的为单价，最低的是固定成本，销量和单位变动成本介于两者之间。作为企业的管理者，在掌握了各有关因素对利润的敏感程度之后，下面的任务就是如何利用敏感性分析帮助决策，以实现企业的既定目标。

4. 风险价值法

1993 年，G30 集团在研究衍生品种的基础上发表了《衍生产品的实践和规则》的报告，提出了度量市场风险的风险价值法（VaR 模型），它后来在企业尤其是金融行业对市场风险的分析中得到了广泛的利用。1994 年 J.P. 摩根银行首先将其作为风险衡量的工具。VaR 模型是指在正常的市场条件和一定的置信水平上，某一金融资产在未来特定的一段时间内可能发生的最大损失。用公式表示为：

$$\text{Prob}（\Delta P < \text{VaR}）= 1 - \alpha$$

其中，ΔP 表示某一金融资产在一定持有期 Δt 的价值损失额；VaR 表示置信水平 α 下的风险价值可能的最大损失；α 表示给定的概率——置信水平。

5. 蒙特卡罗模拟法

蒙特卡罗模拟法的基本思想是将待求的风险变量当作某一特征随机变量，通过某一给定分布规律的大量随机数值，算出该数字特征的统计量。该方法用来分析评估风险发生的可能性、风险的成因、风险造成的损失或带来的机遇等变量在未来变化的概率分布。具体操作步骤如下。

（1）量化风险。将需要分析评估的风险进行量化，明确其度量单位，得到风险变量，并收集历史相关数据。

（2）根据对历史数据的分析，使用恰当的建模方法，建立能描述该风险变量在未来变化的概率模型。建立概率模型的方法很多，如差分和微分方程方法，插值和拟合方法等。

（3）计算概率分布初步结果。利用随机数字发生器，将生成的随机数字代入上述概率模型，生成风险变量的概率分布初步结果。

（4）修正完善概率模型。通过对生成的概率分布初步结果进行分析，用实验数据验证模型的正确性，并在实践中不断完善模型。

（5）利用该模型分析评估风险状况。

正态分布是蒙特卡罗风险方法中使用最广泛的一类模型。通常情况下，如果一个变量受到很多相互独立的随机因素的影响，而其中每一个因素的影响都很小，则该变量服从正态分布。描述正态分布需要两个特征值：均值和标准差。其密度函数和分布函数的一般形式如下。

密度函数：$\varphi(x) = \dfrac{1}{\sigma\sqrt{2\pi}} e^{-\frac{(x-\mu)^2}{2\sigma^2}}$，$-\infty < x < +\infty$

分布函数：$\varPhi(x) = P(X \leqslant x) = \displaystyle\int_{-\infty}^{x} \dfrac{1}{\sigma\sqrt{2\pi}} e^{-\frac{(x-\mu)^2}{2\sigma^2}} \mathrm{d}t$，$-\infty < x < +\infty$

其中 μ 为均值，σ 为标准差。

二、企业风险评估

（一）风险评估概念

风险评估，是指在风险事项识别和风险衡量的基础上，把损失频率、损失程度以及其他因素综合起来考虑，分析风险的影响，并对风险的状况进行综合评估。如果说风险衡量是对风险状况的客观反映的话，那么风险评估是依据风险衡量的结果对风险及其可能造成的损失进行总体的认识和评估，并融合了风险管理人员的主观评估，受到其风险态度的影响。

（二）企业风险评估标准和原则

1. 企业风险评估标准

随着风险管理越来越复杂，为了更加准确地评估风险，很多公司引入了评估损失程度的几个重要概念，即正常损失期望、可能的最大损失和最大可能损失。显然，运用这些概念在进行风险损失程度的评估时，是以风险衡量的结果为依据的。

（1）正常损失期望

正常损失期望，又称正常期望损失，是指风险管理单位在正常的风险防范措施下，遭受损失的期望值。在风险衡量中，根据过去发生的损失数据而进行加权平均计算的期望损失，就是风险评估中的正常损失期望指标。风险衡量中的期望损失指标侧重于损失程度的计算和测量，而风险评估中的正常期望损失偏重于对风险的评估，侧重于对风险管理决策提供对策建议。

（2）可能的最大损失

可能的最大损失是指风险管理单位在某些风险防范措施出现故障的情况下，可能遭受的最大损失。例如，一家生产型企业遭遇突然断电但又没有发电设备时给企业生产造成的可能最大损失。可能的最大损失评估可以矫正风险管理人员未曾预见的风险因素带来的损失，是风险管理的重要依据。

（3）最大可能损失

最大可能损失是指风险管理单位在最不利的条件下，估计可能遭受的最大损失。最大可能损失为风险管理部门提供了评估损失造成最坏影响的依据，也是风险管理单位可能遇到的最大损失。例如，一幢大楼在地震中可能会被夷为平地，这幢大楼的最大可能损失就是其总价值。一般来说，超过最大可能损失的风险管理事故很可能不会发生，但是，也不是绝对不可能发生的。

2. 确定风险评估标准需要考虑的因素

预测正常期望损失、可能的最大损失和最大可能损失，需要考虑以下几个方面的因素。

（1）财产的物质特征和财产对损害的承受力

财产的物质特征和财产对损害的承受力是确定正常期望损失、可能的最大损失和最大可能损失的依据。例如，保险公司风险经理认为，某栋楼房在装有喷水装置和防火墙的情况下，发生火灾的正常期望损失将不超过大楼价值的 10%，而在喷水装置发生故障的情况下，楼房可能的最大损失是其价值的 30%，最大可能损失是其价值的 60%。如果这栋楼房既没有安装防火墙，也没有安装喷水装置，那么，楼房的正常期望损失、可能的最大损失和最大可能损失就会更高一些。

（2）损失评估的主观性

正常期望损失、可能的最大损失和最大可能损失的确定具有主观性。尽管在大多数情况下，风险管理人员对于正常期望损失、可能的最大损失和最大可能损失的估计，会受到主观因素的影响，但人们还是总结了一些复杂的模型化方法，来帮助风险管理人员估计正常期望损失、可能的最大损失和最大可能损失。如果有些风险管理人员不能容忍实际损失超过最大可能损失，那么，风险管理人员确定的最大可能损失就比较大；有些风险管理人员对实际损失超过最大可能损失持较宽容的态度，那么风险管理人员确定的最大可能损失就可能小一些。

（3）损失评估可以是单独的物体，也可以是许多物体

正常期望损失、可能的最大损失和最大可能损失估计的对象可以是单独的物体，如一栋大楼；也可以是许多物体，如船队、一个楼群、一段时间（如一年或几年）。

（4）损失的管理成本

确定正常期望损失、可能的最大损失和最大可能损失是估计风险管理成本的依据。例如，某保险公司在给某个地区的居民楼签发保单时，需要估计单个事件，如风暴、地震、火灾等带来的最大损失。在这种情况下，最大可能损失是一种灾害对许多财产造成的损失逐项累计估算出来的，而不是许多灾害对单个财产造成的损失。正常期望损失、可能的最大损失和最大可能损失不仅是保险公司核定风险管理成本的依据，也是其确定保险费率的依据之一。如果以年作为衡量损失的时间单位，就可以得到年度正常损失期望、年度可能的最大损失和年度最大可能损失。

3. 企业风险评估的原则

风险评估的原则是贯穿于风险评估过程中的基本原则。风险管理人员必须遵循以下几个方面的原则。

（1）整体性原则

整体性原则是风险评估的最基本原则。风险造成的损失往往是多方面的，风险评估必须从整体出发，系统、全面地考虑造成损失的各种因素，并研究这些因素之间的相互联系和相互作用。在评估潜在损失程度时，由同一事件所引起的各方面的财物损失必须一起考虑。因此，在评估风险时，不仅要考虑直接损失，还要考虑由此带来的间接损失和责任损失。

（2）客观性原则

风险评估的方式、方法是多种多样的，不同的衡量和评估风险的方法可以获得不同的结果，这是不可避免的。因此，风险评估应尽可能使风险预测、评估的结果与实际发生的损失相一致，尽可能反映客观存在的风险。

（3）可操作性原则

风险评估是涉及面广、管理难度大的项目，这就要求风险管理人员灵活运用具有可操作性和通用性的评估方法，避免使用高深复杂的评估方法。这不仅可以减少风险评估的工作量，还可以为风险管理提供重要依据。

（4）统一性原则

风险评估是针对某一风险或者风险单位进行的，这就要求风险评估要坚持统一性原则，即不能将与风险因素或者风险单位无关的资料考虑进去，作为风险评估的依据。只有坚持统一性的原则，才能保持风险评估的客观性和准确性。

（三）企业风险评估方法

风险评估按照不同分类标准可以划分为不同的类型。按照风险评估的阶段划分，风险评估可以分为事前评估、事中评估、事后评估和跟踪评估；按照风险评估的角度划分可以分为技术评估、经济评估和社会评估；按照评估的方法划分，可以分为定性评估、定量评估和综合评估。风险评估对风险管理人员制定决策具有十分重要的意义，因此，风险管理人员应当熟悉掌握风险评估的方法，更好地为确定风险控制措施提供依据。目前，国际上比较流行的风险评估方法主要有以下几种：

1. 风险度评估法

风险度评估，是指风险管理单位对风险事故造成故障的频率或者损害的严重程度进行评估。风险度评估可以分为风险事故发生频率评估和风险事故造成损害程度评估。一般来说，风险度评估可分为 1～10 级，级别越高，表示危险程度越大。

在实际操作中，无论风险单位、损失事件和损失形态的组合如何，风险管理人员为了风险管理的目的，可以宽泛地将损失频率评估分为以下四种：几乎不会发生、不太可能发生、偶尔发生和经常发生。同时，也可以将损失程度分为轻微损失、中等损失、重大损失和特大损失。这种不严格的风险评估方式方便了风险的管理。但是，也应该看到，这种简单的风险评估已经越来越不适应风险管理的需要。为了准确地评估风险，可以根据风险发生的频率细分为以下几类（表3-2-2）。

表 3-2-2　风险发生的评估标准和评估分值

风险事故发生的可能性	可能发生的频率	风险度评估
很高：风险事故的发生几乎是不可避免的	≥ 1/2	10
	1/3	9
高：风险事故的发生与以往经常发生的事故相似	≥ 1/8	8
	1/20	7
中等：风险事故的发生与以往有时发生的事故有关，但是不与主要环节有关	1/80	6
	1/400	5
	1/2000	4
低：风险事故的发生较少，与以往偶尔发生的事故有关	≥ 1/15 000	3
很低：风险事故的发生较少，与以往极少发生的事故完全相同	1/15 000	2
极低：风险事故不太可能发生，与过去极少发生的事故完全相同	1/15 0000	1

风险管理人员可以按照风险评估的分值确定风险的大小，分值越大，风险越

高；反之，则风险就越低。

风险度评估法的优点是，便于风险管理人员或其他人员使用风险评估的结果，确定风险管理单位采取措施的顺序，找到风险事故发生的主要原因。

这种评估方法的缺点是，风险度评估标准进行分类比较难，管理成本比较高。

2. 检查表评估法

根据安全检查表，将检查对象按照一定标准给出分数，对于重要的项目确定较高的分值，对于次要的项目确定较低的分值。然后按照每一检查项目的实际情况评定一个分数，每一检查对象必须满足一定的条件时，才能得到这一项目的满分；当不满足条件时，按一定的标准将得到低于满分的评定分，所有项目评定分的总和不超过100分，由此，就可以根据被调查风险单位的得分，评估风险因素的风险度和风险等级。

检查表评估法的优点是，可以综合评估风险单位的状况，评估结果之间易于比较，得分达到标准即为合格；相反，则为不合格。这种风险评估方法的缺点是，评估结果的准确性依赖于列举风险因素的全面性。检查表设计得是否翔实、是否考虑到引发风险的各方面因素，是检查表评估能否准确的关键。

3. 优良可劣评估法

优良可劣评估法是从风险管理单位的特点出发，根据风险管理单位以往管理风险的经验和状况，对风险因素列出全面的检查项目，并将每一检查项目分成优、良、可、劣若干个等级。在进行风险评估时，由风险管理人员和操作人员共同进行，以此确定被检查单位的风险状况。如果风险管理主体达不到规定的标准，评估结果为可或劣时，就需要采取相应措施加以控制。

优良可劣评估法的优点是风险评估标准比较直观，可操作性强。例如，建筑施工、电器防爆、化学实验和工艺操作等，都可以采取这种方法评估风险。缺点是由于这种方法是通过观察和分析，借助于经验和判断能力得出的，适用范围很小，它只适用于风险不特别严重，或者事故发生后不会产生严重后果的情况。

4. 单项评估法

单项评估法，是指风险管理单位列举各项符合标准的项目，凡是具有一项或者一项以上的项目符合标准者，就评估为风险管理的重点。例如，生产企业风险管理部门从产量、质量、成本、交货期、安全生产等方面，将企业设备分为七类，只要有一项达标者，即为风险管理中重点管理的设备。

（1）不管有没有设备机，一旦突然停机，马上会使整条生产线停工的设备。

（2）产生故障后，会影响到关联设备的正常作业，无备用机或虽有备用机，但是转化难度大，转换时间长的设备。

（3）对产品的加工质量有较大影响的设备。

（4）一旦发生意外事故，需要大笔抢修费或者会使产品制造的成本有较大上升的设备。

（5）计划外故障会经常影响到交货期，引起索赔或失去较多销售机遇的设备。

（6）精度高而且修理难度大的设备。

（7）一旦发生意外事故就会影响到安全操作和污染环境的设备。

单项评估法的优点是，管理比较简单，只要风险单位具备管理项目中的一项就是管理的重点，这种方法易于突出风险管理的重点，达到查漏补缺的目的，可以提高风险管理的效率。这种评估方法的缺点是，风险管理者对可能发生风险事故的列举是否全面，以及对风险因素重要性的看法，都会影响风险评估的成败。

5. 直方图评估法

直方图形象直接地反映了数据分布的情况，通过直方图可以观察和分析风险的概率分布，从而直观地对其做出评估。建立直方图的步骤是：首先，将各组端点 u_1，u_2，$\cdots$，u_r，u_{r+1} 标在直角坐标系的横轴上；然后，分别以线段 $[u_i, u_{i+1}]$ 为底边，以该组频率密度 f_i 为另一边作矩形，那么 r 个矩形构成直方图（图 3-2-1）。显然，频率直方图中每个小矩形的面积等于相应组的频率，而各矩形的总面积恰好等于 1。直方图图形分为正常型和异常型两种类型。

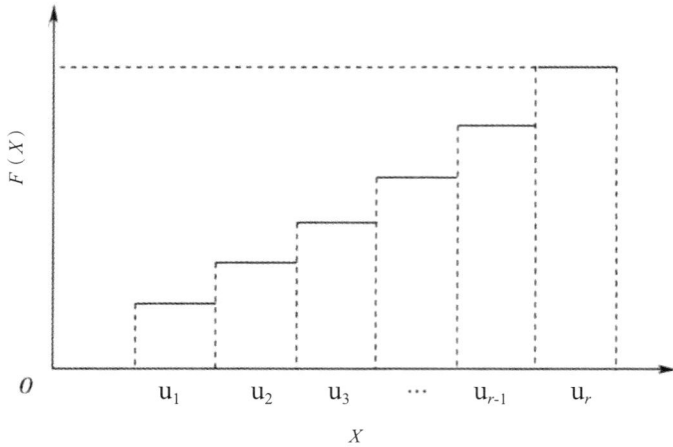

图 3-2-1　累积频率分布

（1）正常型

正常型是左右对称的山峰形状（图 3-2-2），图的中部有一峰值，两侧的分布大体对称，且越偏离峰值方柱的高度越小，符合正态分布。该图表明数据代表的风险处于稳定状态。

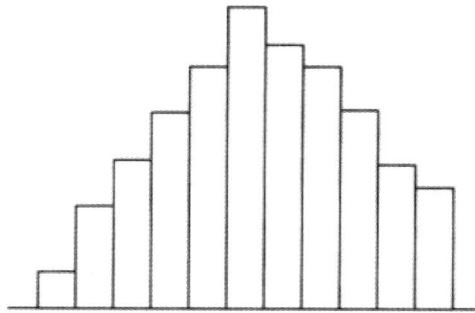

图 3-2-2　正常型

（2）异常型

与正常型分布状态相比，带有某种缺陷的直方图为异常型直方图，这类图形表明数据所代表的工序处于不稳定状态。常见的异常型直方图主要有以下几种。

①偏峰型。直方图的顶峰偏向一侧，这往往是由于只控制一侧界限或者一侧控制严格，另一侧控制宽松所造成的。根据直方图的顶峰偏向的位置不同，有左

偏峰型和右偏峰型。

②双峰型。一个直方图出现两个顶峰，这往往是由于两种不同的分布混在一起造成的。虽然测试统计的是同一项目的数据，但是，数据来源条件差距较大。例如，两班工人的操作水平差距较大，将其质量数据混在一起的直方图。

③平峰型。在整个分布范围内，频数的大小差距不大，形成平峰直方图，这往往是由于某种缓慢变化的因素所造成的。例如，机器设备的磨损。

④高端型（陡壁型）。直方图的一侧出现陡壁状态，这是由于人为地剔除了一些数据，进行不真实的统计造成的。

⑤孤岛型。在远离主分布中心处出现孤立的小直方图，这表明项目在某一段时间内受到异常因素的影响，使生产条件突然发生较大变化，如短时间内原材料供应短缺或机器设备突然发生故障造成的。

⑥锯齿型。直方图出现参差不齐的形状，即频数不是在相邻区间减少，而是隔区间减少，形成了锯齿状。造成这种现象的原因不是数据本身的问题，而主要是绘制直方图时分组过多造成的。

观察直方图的形状只能判断风险管理过程是否稳定正常，并不能判断是否能稳定地管理风险，而将直方图和公差相比较，即可以达到风险管理的目的。公差是指企业可以容忍和允许的风险变动范围，对比的方法是观察直方图是否都落在规定或公差范围内，是否有相当的余地以及偏离程度如何。几种典型的直方图和公差标准的比较情况如下。

①理想型。理想型表示数据分布范围充分居中，分布在公差上下界限内，而且具有一定余地，这种状态表明风险管理处于正常状态，目前不需要调整。

②偏向型。偏向型表示数据虽然分布在公差范围内，分布中心偏向一侧，说明存在着系统偏差，必须采取措施，使平均值接近规定的中间值。

③无富余型。无富余型表示数据分布虽然在公差范围内，但是两侧均无余地，稍有波动就会出现超差，产生风险事故。在这种情况下，应该考虑减少波动。

④能力富余型。能力富余型表示数据分布过于集中，分布范围与规定范围相比，余量过大，说明控制偏差严重，风险管理不经济，必要时可以减少不必要的管理费用。

⑤能力不足型。能力不足型表示数据分布范围已经超出规定范围，已经产生风险事故。在这种情况下，需要采取措施，减少波动。

⑥陡峭型。陡峭型表示数据分布过于偏离规定中心，已经造成偏差，产生风险事故，造成这种状态的原因是控制不严，应该采取措施使数据中心与规定中心重合。在这种情况下，既要使平均值接近规定的中间值，又要减少波动。

综上所述，通过观察直方图的分布状态，以及将其与公差标准相比较，可以评估风险因素是否存在风险隐患、分辨风险单位是否存在异常状态，便于风险管理者采取必要措施，将风险隐患和异常状态消除在萌芽状态。风险单位分布的界限越偏离规定的标准，风险也就越大。直方图评估法的缺点是，这种方法只能提供风险单位所处风险的大致状况，而无法提供存在风险隐患的具体原因。同时，直方图评估需要大量的有关风险单位的统计数据，这些数据的真实性影响风险评估的效果。

（四）企业重大活动的风险评估

1. 风险程度的度量

对于每一类具体的风险，可以根据风险高低程度分为三个级别。也就是说，针对某个重大活动，把它涉及的所有种类的风险按照高、中、低分为三档。

所谓高风险，就是说活动相对于企业的资源而言规模很大，或交易数目巨大，或活动性质本身异常复杂等，这种活动能够对组织造成巨大的损失。当然这里强调的是一种可能性。

一般性风险，也就是中度风险，是指相对于企业资源或其同组群体而言，活动的地位比较一般，交易数量一般，活动本身比较典型或传统的情况。因此，尽管中度风险的活动有可能对企业造成损失，但损失可以通过企业正常的商业运作而得到化解，不至于对企业造成重创。

低风险，指活动的数量、规模和性质即使使得内部控制有缺陷，损失的可能性仍然是微不足道的；即使损失发生了，也不会对企业的总体财务和经营状况产生重大影响。

金融机构的监管者由于担心金融机构的风险失控会波及其他单位或个人，因而对这些机构的风险控制通常有严格的规定和检查措施。对于一般企业而言，监管者可能对公司的风险控制没有太多的具体规定或检查措施，但是企业如果希望自身可持续发展，希望越做越大、越做越强、越做越稳，就必须对自己有一套完善的风险管理体系。

2. 重大活动的风险判断

量力而行是企业重大活动风险管理的基本原则。企业决策者必须首先知道所在企业的能量究竟有多大，即自身的实力与承担风险的能力，包括动用自身所有的资源能达到的投资极限和经营过程（包括原材料进货量、库存、财务成本）各个环节的资源占用，以及一旦活动失败，企业能维持持续经营的把握。企业发展太慢固然不好，但太快也未必是好事。稳定发展必须对投资、资金占用、客户信用、生产速度与效率要有明确的上下限，在限度以内作为日常工作内容，超过限度即为非日常工作内容。

其实管理企业和买股票在很大程度上有些类似。拿美国的股市投资为例，很多时候散户的回报要远远超过投资银行。1997年、1998年的时候一些大胆的散户买了网络股，一年回报200%~300%；但是高盛或者摩根士丹利却不会这么做，在多数情况下，它们追求的是10%~20%的投资回报。其中的原因很简单，因为散户的投资很大程度上有投机的嫌疑，来得快去得也很快，200%~300%的回报不是一种长期行为。

3. 评价企业风险管理系统的完善程度

一个健全的风险管理体系应具备以下四个要素。

（1）积极的董事会和管理高层的监督。董事会和管理层的风险意识、态度和对风险管理的积极参与，对于完善一家公司的风险控制至关重要。举例来说，巴林银行的失败与该银行高层的失职不无关系。

（2）完善的政策、程序与规定。风险管理的程序和规章制度必须清晰明确，具有很高的可执行性。

（3）完善的风险管理、监控与管理信息系统。防范风险在于正确决策，决策的前提是可靠的信息。因此，一个健全的风险管理体系离不开一套完善的监控与管理信息系统。对于一个结构复杂的大型企业来说尤其如此。

（4）全面的内部控制。内部控制是风险管理的保障。内部控制必须全面、独立、权威，才能充分发挥作用，实现企业平稳发展。

4. 风险管理系统完善程度的刻画

依据上面谈到的几个指标，我们可以将一个企业的风险管理系统的完善程度分为三类：强风险管理、可接受风险管理、弱风险管理。

强风险管理要求董事会、管理高层有非常强的风险管理意识，能有效地确认和控制组织面临的所有主要的风险类型。董事会和管理层积极参与风险管理并确保存在正确的政策和规定。这些政策和规定受到管理信息系统的支持，能及时对公司内外环境的变化做出反应。同时，内部控制和审计程序对组织的规模和业务来说是适当的。管理层能根据安全和健全的标准，并根据内部和监管政策及实践，有效和准确地监督组织情况。风险管理的实践被认为对确认、监督和控制组织风险是非常有效的。

可接受风险管理指某些风险管理实践存在一定缺陷，需要改进，以确保管理层和董事会能够准确辨认、监督和控制组织面临的所有重大风险。同时内部控制系统在某些方面有一定缺陷。如果管理层不采取改进措施，与内部控制系统有关的风险对组织的安全性和健全性会产生负面影响。

弱风险管理指企业明显缺少有效的风险管理实践来辨认、监督和控制重大风险。健全风险管理的四个因素中的一个或多个被认为是有较大缺陷的，并且管理层和董事会没有表现出改进这些缺陷的能力。另外，内部控制存在严重缺陷，很可能危及组织的持续生存能力。

5. 评估重大活动的复合型风险

实际上每一个重大活动都可以用一个风险矩阵来评估它所面临的风险。首先是考虑风险管理系统，把活动放在一边，关注风险管理系统是强、可接受，还是弱；再看活动本身，把风险分为高、中（一般）、低，这样建立一个矩阵。

一个活动对公司而言风险是高、中，还是低，不仅要看活动本身的风险，还要看企业管理风险的能力。如果企业管理风险的能力非常强，活动本身是中等的风险，就有可能变成低风险。相反，如果企业的风险管理能力很弱，低风险的活动也可能变成一个中度风险的活动。我们对重大活动进行风险评估主要考虑两个方面：一个是活动本身，另一个是企业的风险管理能力、风险管理系统的完善程度。

企业评价某项重大活动复合风险的高低程度时，可以参照下面的定义。

高复合风险：一个重大活动当风险管理系统不能极大地减轻其风险时，被认为是高复合风险的，因而这个举动有可能导致重大的财务损失，对组织的总体环境造成重大的不利影响。

中等复合风险：一个活动本身风险低，但风险管理系统有重大缺陷会使得活动的复合风险被评为中等；另一方面，一个强的风险管理系统能够降低原本自身风险很高的活动的风险，从而使得这个活动可能产生的损失对企业的财务状况只产生一般的影响。

低复合风险：通常用来评价一个自身风险低的活动，如果一个本身是中等风险的，但由于风险管理系统强并能够有效减轻风险，则这个活动可以被认为是低复合风险的。

第三节　企业风险管理决策

一、企业风险管理决策的特点

风险管理决策就是风险管理的目标，选择经济、合理的风险处理技术和手段，进而制定风险管理的总体方案和行动措施，即从两个以上备选方案中进行筛选，选出最经济、最合理的风险管理方案的过程。风险管理决策具有决策管理的一般特点，但是同其他决策管理相比，还具有以下几个方面的特点。

（1）风险管理决策是以风险识别、风险度量和风险评价为基础的。风险识别、风险度量和风险评价的目的是为风险管理决策提供充实的信息资料和可靠的决策依据；相反，如果缺乏以风险识别、风险度量和风险评价为依据的风险管理决策，则是盲目、没有依据的，是不具有科学性的。

（2）风险管理决策是风险管理目标实现的手段。风险管理决策是风险管理的核心，是实现风险管理目标的手段，即以最小的成本获得最大的安全保障。没有科学的风险管理方案、风险管理决策，也就无法实现风险管理的目标。

（3）风险管理决策具有主观性。风险管理决策的对象是可能发生的风险事故、隐患和风险因素，风险管理决策属于不确定情况下的决策，这种决策依赖于风险管理者的认识和判断，是风险管理者的主观决策。虽然风险分布的客观性是风险管理决策的依据，但是风险是随机的、多变的，往往会使风险管理决策出现偏差。风险管理决策的主观性，决定风险管理者必须能够预见到风险的发展变化，适时地做出正确的决策，消除风险管理决策的随意性。

（4）风险管理决策同方案的贯彻和执行密切相关。风险管理方案确定后，方案的贯彻和执行需要风险管理部门的密切配合。风险管理方案在贯彻和执行中的任何失误，都有可能影响风险管理决策的效果。区别风险管理决策与方案的贯彻和执行的不同，是十分必要的。

二、企业风险管理决策的程序

风险管理决策的程序，是指风险管理单位确定风险管理方案的步骤，其大致可以归纳为以下几个步骤。

（一）确定风险管理目标

风险管理单位在进行风险管理决策时，首先需要明确的是风险管理目标，即在以最小成本获得最大安全保障为原则的基础上，确定风险管理预期达到的目的。风险管理单位在进行风险管理决策时，需要明确所制订的决策方案和要达到的目的，该目的在风险管理总体目标中的地位和作用；需要明确决策的作用是长期性的，还是短期性的。

（二）设计风险处理方案

根据风险管理的目标，提出若干可实施、可操作的风险管理方案。对于某一特定风险的处理方法，也只是在特定的风险和特定的条件下，才体现出其最直接、最有效的成果。离开特定条件和特定风险而设计风险管理方案是没有意义的。在这一层面上，风险管理者需要考虑的问题是：针对具体的风险管理目标，可供风险管理者选择的管理方法有哪些；风险管理措施是否具有可操作性；运用相关风险管理方法可能达到的效果等。

（三）选择处理风险的最佳方案

在设计出各种风险管理方案后，风险管理部门需要在比较分析各种风险处理手段、各种风险管理技术的成本和收益、风险管理单位获得的安全保障后，进行风险管理方案的选择和决策，并寻求各种风险处理技术的最佳组合。在这一层面上，风险管理者需要考虑的问题是：决策可能是在什么地方出现失误；决策失误的后果是什么；风险管理单位是否能够担当决策失误的后果；自己对决策失误担当的责任等。

（四）风险处理方案的效果评价

风险处理方案的效果评价是指对风险处理技术的效益性和适用性，进行分析、检查、评估和修正。由于风险管理决策的效果在短期内难以实现和评价，又由于风险的隐蔽性、复杂性和多变性，决定了风险管理决策有时不能发挥应有的作用，达不到预期的目标，这就需要评价风险管理决策方案，对其进行适当的调整。

三、企业风险管理决策的原则

为了保证风险管理目标的实现，风险管理决策应该坚持以下原则。

（一）战略目标原则

风险管理决策应与组织的战略目标相一致并制定其决策目标，而且目标必须是积极、适当的。如若目标过低，则失去激励作用，组织也达不到战略目标；如若目标过高，则会使人丧失信心，达不到应有的效果。当然，在客观情况发生了大的变化时，目标要随之进行适当调整。

（二）经济性原则

任何管理决策必须以经济效益为中心，要以较小的成本代价取得最大可能的经济效益，风险管理决策也不例外。风险管理提供了一种与损失风险做斗争的科学武器，但这个武器的应用是需要付出一定成本的。风险管理决策应讲究效益与代价的关系，也就是说要讲究决策的收益和所花的代价问题。如果所花代价很大，但收效甚微，则应重新考虑进行该项决策的必要性。风险管理的总体目标是以最少的经济投入获取最大的安全保障。在决策过程中，应该以成本与效益相比较这一原则作为权衡决策方案的依据。在实际运作中，比较可行的办法是在获取同样安全保障的前提下，选择成本最小的决策方案。

（三）客观性原则

风险管理决策属于不确定情况下的决策，在决策过程中，会遇到很多不确定的风险变量，这就要求决策者要客观、实事求是地对决策变量进行分析，切忌主观臆测，这样才能做出合理的决策。

（四）满意性原则

在很多情况下，并不能找到获得风险收益的"最优"决策，这时只能选择一个令各利益相关者都感到"满意"但不是"最优"的决策方案。例如，如果一种风险管理决策方案就其所有特性而言在其他风险管理决策方案之上，就选择这种更让人"满意"的决策方案（虽然这种方案也不能使"效用最大化"）。

（五）字典编辑者原则

所谓字典编辑者原则，是指先给各风险管理决策方案的各个评价特性编号，再根据重要性依次对各方案的评价特性进行评价，以此决定方案的选择。假设 $X1$ 和 $X2$ 是等同的，则比较次一级重要的评价特性，以此类推得到满意方案。

四、企业风险管理决策需要注意的问题

在风险管理决策中，有些程序和问题是需要特别注意的。处理好这些问题，可以对风险管理决策起积极的促进作用。

（1）明确风险管理决策的职责范围。在风险管理决策中，各级风险管理决策者之间要明确且规范地划分各自的决策权限和职责范围，避免越权决策或推诿责任的问题出现。

（2）明确风险管理决策的程序。各级风险管理部门的管理决策要按照一定的程序进行，不得违反程序、随意确定风险管理方案。

（3）详尽记录风险管理方案决策的过程。各级风险管理决策者参与决策管

理时，每个决策人员都要担当相应的责任。对于每一个风险管理方案，都要保留可核实和可供查证的记录，记录要详尽、不遗漏，以便日后能够明确决策不同阶段、不同环节的责任人，避免出现重大决策失误而无人担当责任的问题。

（4）严格执行风险管理方案。风险管理单位进行风险管理方案决策时，要强调民主，多听取各级风险管理人员的意见；风险管理方案决策后，要强调集中，对风险管理方案的实施等要严格执行，避免执行中出现重大偏差和失误。

（5）制度化监控风险管理效果。风险管理方案实施的效果，在较大程度上反映着风险管理决策的正误，制订规范化的措施，监测风险管理方案的实施效果，不仅可以随时纠正风险管理方案中的错误，提高风险管理资金的使用效率，而且可以提高风险管理者的管理水平。

五、企业风险管理决策的主要影响因素

影响企业风险管理决策的因素很多，而且错综复杂，但概括起来，主要有生存风险度、决策者的风险态度、方案的风险度以及每种方案的益损期望值。

（一）生存风险度

风险的不利后果最严重的是导致企业破产，这也是决策者最害怕的风险。因此，决策者应首先把握这一点，即生存风险度。生存风险度就是某一决策可能造成的最大损失与致命损失之比，即：生存风险度 SD = 决策可能最大损失 / 致命损失。

生存风险度是影响决策者最重要的因素，如果生存风险度大于或等于 1，该企业就要面临破产。例如，某个企业有资产 200 万元，生命周期为 20 年，若失火的概率是每年万分之一，需支付的保费是每年 500 元，则失火损失的期望值是 200 万元 × 0.0001 = 200 元，显然小于 500 元，若依据损失期望值最小的决策原则，企业不应当参加保险，但企业仍然会选择参加失火保险，否则一旦失火，公司 200 万元的资产将会付之一炬。原因就是两种方案中，不参加保险方案的生存风险度远远大于参加保险方案的生存风险度。因为不参加保险的决策，一旦失火，其可能的最大损失就是 200 万元，故生存风险度 SD = 200 / 200 = 1；若参加保险，

则 SD = 500 元 × 20 / 200 万元 = 0.5%，远远小于 1，故以参加保险为好。

因此，决策者在进行风险管理决策时应首先考虑各种决策方案的生存风险度问题，若生存风险度等于或大于 1，则对企业是致命的影响，故应首先予以排除，否则，该企业可能要面临破产。因此，在进行风险决策时，要首先揭示各决策方案对企业的生存风险度。

（二）决策者的风险态度

风险管理决策是由人做出的，决策人的经验、胆略、判断能力以及个人偏好等主观因素不能不对决策产生重大影响，且不同的人在同一风险环境中可能会做出不同的决策。因此，就存在决策者对待风险的态度和偏好问题，它是影响风险管理决策者做出决策的重要因素之一，风险态度，又称风险偏好特性，是风险管理决策者对待风险的一种心理反应。人们对待风险的态度可分为三类：一是风险冒险者，这一类型的人往往有极强的进取心和开拓精神，为了追求高收益，愿意承担较大的风险，在对不同的投资机会进行选择时，倾向于选择预期收益高，风险较大的方案，对于那些成功率极小，但由于预期收益很高的方案，他也乐于去争取。二是风险保守者，这类人在经济活动中，倾向于尽可能回避风险，在进行投资决策时往往力图追求稳定的收益，而不愿冒大的风险，这样的投资者有时会错失投资良机，但在投资失败时亦不会受到致命的打击。三是风险中立者，这种类型的人对待风险的态度介于前面两类人之间，他们对风险不甚敏感，在选择投资机会时，一般要比冒险型冷静一些，但又没有回避风险型那么保守。

度量决策者对风险态度的一个正规方式就是运用效用理论，效用理论是关于决策者个人的心理和行为反映的定性决策理论，其定性分析表现在对于决策者个人主观意愿的测验与反应。而效用是指决策者对决策后果的一种感受、反应和倾向，是决策者的价值观和偏好在决策中的综合反应。在风险型决策中，一般用效用来衡量对待风险的态度，并以效用函数表示。一般用 1 表示最大的效用值，用 0 表示最小的效用值，即 $0 \leqslant u(x) \leqslant 1$。显然，收入越多效用越大，故 $u(x)$ 是单调递增的。三种风险类型的效用函数曲线，如图 3-3-1 所示。

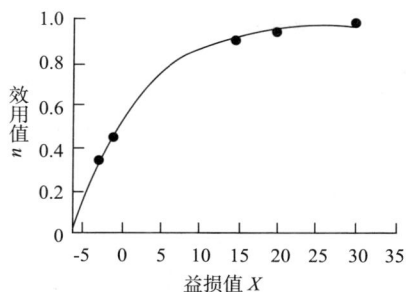

图 3-3-1　决策者的效用曲线

（三）风险度

为了比较各种方案本身的风险，需要用一个数字来描述风险，因此引进风险度的概念，它为标准方差与数学期望之比，也称为变异系数。其表达式为：

$R = S/E$（S 为标准方差，E 为数学期望）

风险度也影响决策者对决策方案的选择，风险度越大，可能的收益也越大，反之越小。因此，冒险者喜欢选择风险度较大的方案，而保守者则喜欢选择风险度较小的方案。

（四）益损期望值

益损期望值是衡量某种情形下或某种方案下潜在得失的一个指标，其计算方法就是首先列好每一项收入和费用，然后再乘以每种风险得失的概率，最后取这些价值的代数和，即为益损期望值。显然，期望率越大的方案，意味着带来的可能收益也越大，因而决策者越喜欢。

六、企业风险管理决策的方法

风险管理决策是贯彻和执行风险管理目标的重要步骤，风险管理决策技术是风险管理决策所运用的技巧和方法。这些方法的使用可以使管理决策建立在科学分析、论证的基础上，可以提高风险管理决策的效率，防止风险管理决策中的偏差和失误，下面分别介绍一些风险管理决策的方法。

（一）风险过程决策顺序图法

风险过程决策顺序图法，是指为了完成某项任务或达到某个目标，在制订行动计划或进行方案设计时，预测可能出现的障碍和结果，相应地提出多种应变计划的方法。在计划执行的过程中，遇到不利的情况时，仍然可以按照第二、第三方案或其他方案进行，以便达到预期的风险管理目标。

在确定风险管理措施时，风险管理单位可能未将所有可能发生的风险事故全部考虑进去，但是，随着风险管理决策的实施，原来没有考虑到的风险可能会逐步地暴露出来，或者原来没有想到的方法、方案已经逐步形成。因此，必须根据新情况、新问题，再重新考虑风险管理方案，增加新的方案和措施，修改已经做出的决策，如图 3-3-2 所示。

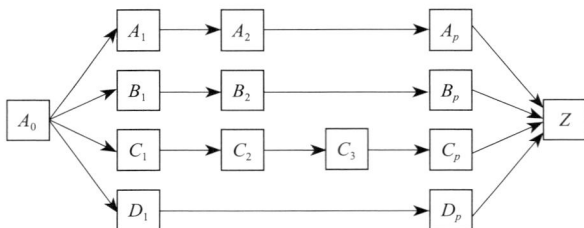

图 3-3-2 风险过程决策顺序图

（二）决策树图法

决策树图法是风险管理决策的重要分析方法之一。决策树图法就是将风险管理的目的与各种可供采取的措施、手段和可能出现的风险事故概率，以及可能产生的效果系统地展开，绘制成决策树图，寻求最佳的风险管理措施和手段。应用决策树图法分析多级决策，可以达到层级分明、直观易懂、计算手续简便的目的。

1. 决策树的结构

决策树是以方块和圆圈为节点，通过直线连接而成的形状像树枝的结构，如图 3-3-3 所示。

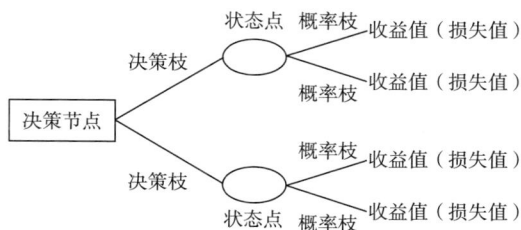

图 3-3-3 决策树结构

图中的方块节点被称为决策点，由决策点划出若干条直线，每条直线代表一个方案，又称为决策枝。圆圈节点代表自然状态的节点，从这个节点引出若干条直线，表示不同的自然状态，这些直线又称为概率枝。在概率枝的末端，列出在不同的自然状态下的收益值或损失值。决策树一般用于问题比较多，而且具有多种方案和多种自然状态的风险情况下的决策。因此，决策树图形由左向右、由简而繁地组成一个树状的图形。决策树不仅能够表示出不同的决策方案在各种自然状态下的结果，而且显示出决策的全过程，结构形象、思路清晰，是帮助决策者进行决策分析的有力工具。

2. 绘制决策树的步骤

绘制决策树主要有以下几个步骤。

（1）搜集各种风险管理方案

为了达到预定的风险管理目标，必须集思广益，提出必要可行的风险管理方案，并依次记录下来。然后，从比较重要的方案开始，按顺序思考，并提出改变风险事故发生条件的有效方案。

（2）评价风险管理的方案

在广泛搜集各种风险管理方案的基础上，需要对提出的方案逐一进行评价，即评价每项方案是否适当、可行或者是否需要经过调查才能确定。在有限的风险管理方案中，也要对风险管理方案进行评价。一般来说，评价风险管理方案可以分别用符号"○""△""×"来表示。"○"表示风险管理方案是可行的；"△"表示风险管理方案需要调查以后，才能确定是否可行；"×"表示风险管理方案是不可行的。

在对风险管理方案进行评价时，需要注意以下几点。

①不要用粗浅的认识进行评价，不要轻易否定别人提出的管理方案，对这些管理方案要反复推敲、思考和调查。有些风险管理方案，初次提出时看似不行，而实践会证明其是可行的。

②越是新的、别人不曾使用过的风险管理方案，越容易被否定。但是，实践证明，这些风险管理方案被实施后，其管理效果往往会更好。因此，需要慎重对待一些新的、不曾使用过的风险管理方案。

③在进行风险管理方案的评价过程中，往往又会出现新的设想和方案，需要不断地补充和完善已有的方案。

（3）决策树的绘制

为了实现风险管理目标，在绘制决策树时，应该将要达到的风险目标与相应的管理方案结合起来。如果这些管理手段、方案还不能被变为具体的措施，则必须对下一步骤的手段和方案展开分析，直到风险管理方案可行为止。例如，某公司是从事书籍装订和生产的专业厂家。在作业时，从布幅方向发生断裂的不合格品每月平均有60件，而一旦发现不合格产品，与其相关的作业就必须停机，每一件不合格品就会造成80~90米布的报废。根据这一风险事故，可以将风险管理目标确定为降低因断裂而造成的不良影响。根据不同的情况，在评价风险管理方案的基础上做出风险管理决策树图。

（4）选择风险管理方案

每种风险管理决策方案后面，都有风险管理方案的可行性评价。运用决策树和相关的评价，可以选择具体的风险管理方案，并逐一实施。

3.决策树的种类

按照决策活动的阶段划分，决策树有单阶段决策树和多阶段决策树，下面逐一介绍这两种决策树。

（1）单阶段决策树

单阶段决策树，是指需要进行决策的风险管理方案只需要开展一次决策活动，就可以选出理想的决策方案，从而达到风险管理决策的目的。这种经过一次决策就可以进行选择的方案，就是单阶段决策树。

（2）多阶段决策树

如果所需要解决的问题不能通过一次决策来解决，而需要一系列的决策活动才能选出最优方案，达到最后决策的目的，就是多阶段决策树。

在风险管理决策的过程中，为了达到某种风险管理的目的，就需要选择某一种手段；而为了采取这一手段，又需要考虑下一级的相应手段，这样，上一级手段成为下一级行动的目的，目的与手段之间的相互关系可以用图表示出来（图3-3-4）。采取这种方式，将要达到的目的和所需手段的顺序层层展开，直到可以采取措施为止，将这一过程绘制成决策树图，这就是多阶段决策树。

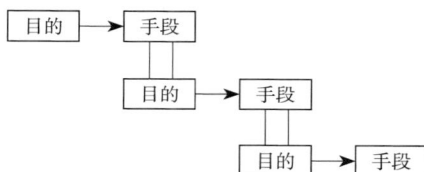

图 3-3-4　多阶段决策树

4. 决策树的优缺点

决策树的管理方法，可以把需要决策问题的全部解决方案和可能出现的各种状态，都形象地显现在全部的决策过程中，可以使风险管理者明晰解决问题的方案。使用决策树决策风险管理方案的优点是：思路清晰、逻辑性强，特别是针对复杂问题的多阶段决策，能够使风险管理决策的各阶段层次分明、思路明晰，便于决策单位集体讨论，做出较为正确的、符合实际的决策。可见，决策树是风险管理决策人员进行决策的十分有效的工具。使用决策树的缺点是：需要针对决策方案做出正确的判断，如果有关决策者的判断失误，就会影响到风险决策管理的效果。

第四章　企业风险管理实务

本章讲述的是企业风险管理实务，主要讲述了以下几方面内容，分别为企业生产风险管理、企业信用风险管理、企业财务风险管理和企业市场风险管理。

第一节　企业生产风险管理

一、企业生产风险概述

（一）生产风险相关定义

生产风险，是指企业在生产某种商品的过程中所承担的风险。生产风险管理就是要避免和降低企业在生产管理体制、生产物资采购、生产运营和质量管理等生产过程中的风险，降低生产过程中的不确定性，以保障企业低成本、高质量、高效率地向市场提供有效产品，提高企业自身的产品竞争力。

（二）企业生产风险类型

生产风险根据生产步骤、生产工艺等可分为生产管理体制风险、物资采购风险、库存风险、生产运营风险、产品质量管理风险、新产品开发风险、劳动生产率风险、生产安全风险。

生产管理体制风险，是指由于企业与其所选用的管理体制的不适应和不完善所带来的各种生产经营管理风险。企业领导体制或管理体制不可能是十全十美的，无论选择何种体制，都有其长处和缺陷，不可能只获得其有利于管理的一面，而回避其可能带来的经营风险。

物资采购风险，是指企业从制定采购计划开始，至物资采购、运输回厂、验收入库，直到生产车间领出材料、投入生产加工为止的一系列生产过程中所面临的各种风险。采购业务风险管理的内容是复杂的，其起因也具有复杂性、多样性等特点。

库存，在狭义上是指存放在仓库中的物资；在广义上，是指企业一切闲置的资源，包括人力、机器设备、资金、信息等，都可以理解为库存。加强库存风险管理是保证企业生产经营活动正常进行的基础。物资库存风险主要表现在两个方面：一方面，过大的物资库存量不仅占用大量流动资金，而且要支付各种费用，给企业在财务和效率上造成风险；另一方面，过小的库存量有可能造成物资供应不足，生产中断。库存风险管理的实质就是保持合理的物资库存量。

生产运营风险，是指在对生产经营全过程进行监督、检查、调节和控制时所遇到的各种风险。企业的生产计划或作业计划已经对生产经营活动做了较为完善的安排，但在具体计划实施过程中，势必会出现一些预想不到的情况，必须及时应对。

新产品，是指在产品结构、技术技能、材质等方面具有先进性、独创性或优于老产品的产品。新产品开发是企业在激烈竞争的市场中立于不败之地的重要举措，但是新产品开发具有高风险性，它需要集中和分步投入较多的资金，不论是自行研制还是联合开发，是技术购买还是关键技术引进，都要冒较大的风险。

劳动生产率风险，是指因企业的技术装备、经营管理、人员素质等因素的影响，而导致生产率下降或低于行业平均水平的可能性。企业劳动生产率的风险因素主要两大方面：物和人，其中人的因素是最重要的因素。因此，企业劳动生产率风险管理的核心问题是如何充分调动员工的积极性，从而排除和减少劳动生产率风险损失。

生产安全风险，是指在各种内部和外部因素的影响下，企业在安全生产和劳动保护方面出现疏漏而使职工受到安全威胁，发生事故和故障，造成财产损失和人身伤亡的可能。安全生产管理的基本内容是建立健全企业安全生产保证体系，根据生产目标的要求，运用系统的概念和方法，把企业的各部门、各个环节严密组织起来，明确各自的责任、任务和职权，协调各方面的安全管理活动。

（三）企业生产风险的影响因素

生产风险管理主要注重生命与财产损失的因素分析、风险评价和采取合理措施进行避险。科学系统地分析企业安全生产风险的影响因素，并确定其风险权重，对提高定量风险评价的科学性，有效实施安全生产风险管理具有重要意义。影响企业安全生产风险的因素众多，使得评价安全生产风险的控制水平极为复杂。

1. 原材料

原材料即原料和材料。原料（raw material）一般指来自矿业、农业、林业、牧业和渔业的产品；材料（processed material）一般指经过一些加工的原料。如林业生产的原木属于原料，将原木加工为木板，就变成了材料。但实际生活和生产中对原料和材料的划分不一定清晰，所以一般用原材料一词来统称。原材料持续、稳定的供给应能得到保证，尤其要防止原材料品种、质量和价格的变化对企业生产可能带来的不利影响。

2. 生产设备

生产设备，是指直接或间接参加生产过程的设备。它是企业设备固定资产的主要组成部分，生产设备主要包括成套设备系统、单台机械、装置等有形资产。生产设备需要通过在生产成本中提取折旧，以补偿在长期使用中受到的物质和技术上的损耗。企业现有的生产设备能否满足新产品生产的要求，以及企业能否获得新产品生产所必需的专用设备是决定企业生产能否正常进行的关键。生产设备的正确选择，对产品的生产效率及成本预算有着重大影响。

3. 生产工艺

生产工艺，是指企业制造产品的总体流程与方法，包括工艺过程、工艺参数和工艺配方、操作方法等。产品的生产工艺应符合产品生产的性能要求，同时也应考虑经济效益指标，有利于降低生产成本。如果生产工艺制定不当，可能使产品的次品率升高，产品质量下降，价格过高。

4. 技术人员

科技创新，人才为本。人才资源已成为企业最重要的战略资源。技术人才是先进生产力的代表，是推动科技、经济、社会发展的重要力量。高新技术产品的生产一般对技术人员要求比较高，能否获得满足企业要求的技术人员是生产能否顺利进行的关键。

（四）企业生产风险的分析方法

为实现企业安全生产，实现管理关口前移、重心下移，做到事前预防，达到消除风险、减少危害、控制预防的目的，需要结合公司运营的实际情况，及时识别生产中的所有常规和非常规活动存在的危害因素，以及所有生产现场使用设备设施和作业环境中存在的危害源，并采用科学合理的评价方法进行评价。常用的方法有工作危害分析法和安全检查表分析法等。

1. 工作危害分析法

从作业活动清单中选定一项作业活动，将作业活动分解为若干个相连的工作步骤，识别每个工作步骤的潜在危害因素，然后通过风险评价，判定风险等级，制定控制措施。该方法是针对作业活动而进行的风险评价。

2. 安全检查表分析法

安全检查表分析法是一种经验的分析方法，是分析人员针对分析的对象列出一些项目，识别与一般工艺设备和操作有关的已知类型的危害、设计缺陷以及事故隐患，查出各层次的不安全因素，然后确定检查项目，再以提问的方式把检查项目按系统的组成顺序编制成表，以便进行检查或评审。安全检查表分析主要用于对物质、设备、工艺、作业场所或操作规程的风险分析。

（五）企业生产风险的基本管理体系

生产风险管理体系是对企业设计、建设、生产、销售各个环节中有可能出现损害生命与财产的因素进行分析、评价、干预、监督和管理的一个整体，是预防企业发生安全事故，从而造成人员生命和财产损失的一种管理方法。生产风险管理的内容主要包括：计划管理、组织管理、过程管理、信息管理。生产风险管理涉及四个主要阶段：立项设计、建设施工、生产运营和销售服务阶段。

1. 立项设计阶段风险管理

立项设计阶段主要对项目选址、工艺流程、物料、产品和防火防爆措施进行危险有害因素分析。立项设计阶段安全风险管理主要靠设计单位和评价机构来把关，企业主要是对设计单位、安全评价机构的资质和信誉进行审查，并在安全设施设计中提出安全生产的具体要求。

2. 建设施工阶段风险管理

建设施工过程主要是施工承包单位进行安全管理，而项目业主重点关注设备、设施、材料的质量和施工质量。如果这两方面控制不好，将会构成较大的安全隐患，随时都可能在生产过程中产生安全事故。加强设备设施、材料质量和施工质量的风险管理是防止物的风险状态的重要措施之一。设备设施、材料质量主要是对建设期设备、设施和材料质量进行管理，对不符合设计要求的设备、设施和新材料进行安全分析。新设备、新设施、新材料的使用也要进行风险分析，评价其成熟性。施工质量管理是根据工艺设计、质量和安全设计的要求对施工过程中的偏离进行检查、分析、控制、纠正。必须健全施工的数据档案，为以后的生产安全管理提供风险评价依据。

3. 生产运营阶段风险管理

生产运营阶段的风险管理主要从物的不安全状态、人的不安全行为和管理上的缺陷进行安全风险管理。造成物的不安全状态的原因主要有设备设施的缺陷或故障。影响人的不安全行为的因素主要有安全知识、安全意识、行为习惯三方面。管理缺陷，是指管理者对安全管理的错误认识或行为的失误而造成的安全隐患，管理缺陷也可以表现为人的不安全行为和物的不安全状态。

4. 销售服务阶段风险管理

随着现代化企业的发展，安全生产不仅仅关系着本企业、周围居民和环境的安全，也同样关系到客户的安全。企业在加强本企业安全生产管理的同时，也要重视销售中的安全管理，防止企业产品在社会上造成危害。产品销售服务阶段的风险管理主要包括销售、运输、使用安全的风险管理和客户安全使用的风险管理。销售、运输、使用安全风险管理要求加强运输过程和使用过程中的风险分析，提出风险控制措施，加强对销售、运输进行的定期的风险评价。客户安全使用风险管理主要是对客户的安全管理提供技术支持、使用技能培训，建立客户安全意识和技能档案，定期对客户进行安全评价，提出安全使用方面的具体建议。

二、企业应对生产风险策略

（一）应对生产管理体制风险的策略

1. 根据企业不同时期、不同经营阶段选择生产管理体制

（1）在企业管理处于比较艰难或比较混乱的时期，企业的中心工作是治乱和走出困境，使各项工作步入正轨。此时宜用一元化的领导体制。

（2）在企业进行大规模的基本建设时期，为保证基建迅速完工投入生产，加强对固定资产投资项目建设的管理，也可以采用完整制。

（3）在企业经营管理步入正常平稳运行之后，对一些分工较明确，工作性质相对较为独立的部门和单位，宜采用独立制。

2. 根据下级生产管理人员的综合素质选择生产管理体制

下级组织管理人员的素质、下级人员决策失误可能导致的损失程度、下级组织在分工协作中所承担的责任范围、下级组织的业务性质与领域、下级组织所处的位置和与上一级组织交往的频度等因素都决定企业集权与分权的"度"。做到责任与权利、素质与权力相匹配，松紧适中，收而不死，放而不乱，避免滋生责任风险、道德风险和社会风险。

3. 根据不同部门的性质和职能选择生产管理体制

区分不同部门的性质和职能，在不同部门实行首长负责制或委员会制。不管采用何种负责制都要设法发挥首长负责制和委员会制两种体制的长处，克服两者的不足。从现代企业制度发展的趋势分析，委员会制代表了企业领导体制和管理体制的方向，是企业防范经营风险较为合适的领导管理体制。

（二）应对生产运营风险的策略

1. 确定控制标准

生产运营风险，是指在对生产经营全过程进行监督、检查、调节和控制时所遇到的各种风险。进行生产运营风险管理必须首先确定生产运营标准，作为共同遵守的尺度和比较的基础。

（1）要确定控制标准，就必须对前期执行情况进行分析，对计划期内生产运营过程中的诸要素和有关条件进行全面的了解和检查。

（2）根据企业生产计划的要求，拟定出控制标准，其中包括一些具体的计划、目标、定额和标准。比如生产作业计划、成本目标、物资库存水平标准、质量标准、工艺标准、劳动定额、物料消耗定额等。

2. 衡量实际成果

衡量运营效果就是收集生产运营绩效的数据，与预先制定的标准进行比较分析，发现偏差，并分析偏差产生的原因。

（1）在生产运营过程中，许多工作是很难制定标准或很难衡量的，往往只能依据一些模糊的标准来衡量。一般来讲，越是常规性、技术性难于表现的部门，制定评价指标和进行评定就越困难。不过，当目标经过细致分解，对各部门和各个工作人员相应定出较切合实际的标准后，就可以来衡量工作绩效。随着知识经济时代的来临，评价的方法日益增多和发展，我们可以更多地借助科学的方法服务于绩效的衡量。

（2）衡量运营会出现的结果有：实际结果超出计划或控制标准，称为正偏差；偏差等于零；实际结果没有达到计划或标准，称为负偏差。其中，无偏差是最好的结果，但这只是理论上的假定，因此主要任务就是使偏差尽可能小。如果出现正偏差，一般认为是好的结果，如超产降耗等，但这也可能表明原有计划制定得不科学；而负偏差是最不应该出现的，在应对运营管理风险时要特别注意。

3. 纠正已有偏差

纠正已有偏差是在衡量实际成果的基础上，针对风险对象相对于所确定标准的偏离程度，及时采取措施加以纠正。在整个生产运营风险管理过程中，这一步是最重要的。纠正偏差必须先对反映偏差的信息进行分析，判定偏差程度，分析偏离原因，并要探寻导致偏差的主要原因。在找出偏差出现的原因之后，确定实施对象，制定或选择具体措施。其中，应注意要充分考虑生产计划实施的影响，不能过分纠正；要注意使纠正方案双重优化，即在纠正方案中选择最佳纠正方案；要注意消除各方面的疑虑，即考虑不同员工对纠正措施的态度。

（三）应对新产品开发风险的策略

1. 明确新产品的开发方向

企业应进行广泛深入的市场调查，了解社会需求和国家计划，使产品开发建立在现实或潜在需要的基础上，具有客观必要性。新产品开发要充分利用国家技术经济政策，考虑企业的优势和现有有利条件，使新产品开发具有现实可能性。要避免盲目开发，一哄而上，大起大落造成产品开发风险。

2. 对新产品开发进行可行性论证

可行性论证主要是分析和评价企业新产品开发成功的可能性，评估新产品开发是否符合产业发展趋势、是否符合国家的法律法规，开发投资评估是否准确，开发所需要的资金有无落实，研制的周期是否合适，开发出来的新产品是否具有市场竞争力，能否为企业争得较明显的经济效益，企业是否存在技术难题，且在开发周期内能否及时、顺利解决；新产品开发成功后是否具有先进性，这种先进性能保持多久，市场上是否会出现类似于企业开发的新产品，何时会出现，是否对企业开发行为构成威胁，如果遇到这种情况采取什么措施应对；新产品开发成功后企业生产是否存在设备、工艺方面的问题，原材料和零部件供应是否有保障等。

3. 选择风险适当的新产品开发方式

对开发项目中的高风险或无力控制的风险采取回避策略，企业可不开发或转为引进或委托开发；对新产品开发的一般风险项目采取风险投保的方式，以转移部分开发风险；对一些风险程度不明的项目，可以采取联合开发、分步开发、引进与开发相结合的方式，将高风险的项目变为低风险的项目。

4. 努力降低产品总成本

追求产品的总成本最低，是新产品具有竞争优势的一个重要前提。在传统观念下，企业仅仅考虑制造成本而忽视使用成本，并且认为制造成本由生产运作过程所决定。这是一种片面的观点，实际上，产品成本责任的绝大部分取决于设计开发和生产运作部门，而制造部门的成本责任绝大部分是由设计阶段所决定的。因此，应将降低产品总成本的努力贯穿于新产品开发的整个过程，并协调好制造成本和使用成本之间的关系。

5. 新产品的开发要与市场开发协调进行

企业要做好市场的先行开发工作，为新产品登场做好宣传、营销、服务、人员培训等准备，让消费者尽早了解企业的新产品，形成市场初步影响，避免造成前方与后方的脱节，特别是要加快样品试制、市场试销到投放市场的后期制作过程，减少不必要的环节，加速投放市场并形成批量生产，创造经济效益。

新产品开发是企业发展得以延续的保证，是企业发展创新的体现。因此，企业在新产品开发时需要注意其可行性研究，选择合适的开发方式，降低新产品开发风险，同时要培育和拓展新产品的市场，降低新产品的市场风险。

（四）应对生产安全风险的策略

1. 建立安全管理制度

安全管理制度为企业每个职工提供了必须遵循的行为准则。安全管理制度在不同地区、不同行业和不同企业有不同的内容，一般企业都要制定安全生产责任制度、安全奖励制度、安全技术措施计划制度、安全教育制度、安全检查制度、工伤事故管理制度、危险作业管理制度、厂区交通运输管理制度、防暑降温防冻保暖管理制度、化学易燃品管理制度、防护用品管理制度、高空作业安全制度、特种设备安全管理制度、工业卫生管理制度、电气安全管理制度、消防管理制度、各工种安全技术操作规程等。

2. 执行安全检查制度

企业内部要落实各项安全管理责任制度，揭示和消除事故隐患，交流经验，发现安全制度存在的不足并予以纠正，促进安全生产水平提高，推动安全生产持续、健康、稳步发展。安全检查可根据不同情况分为一般性安全检查、专业性安全检查、季节性安全检查、节日前后安全检查和各种不定期的突击性安全检查。检查中要重点查处违章指挥和违章操作，查处安全生产的形式主义、官僚主义，着重检查核对安全生产管理制度本身的健全性和执行的实效性，发现偏差和漏洞，迅速加以纠正。

3. 针对重点环节的严密布控

对事故易发和高发岗位进行控制，特别需要强调以人为本，杜绝人为因素所导致的安全事故。其主要目的是打消管理人员重生产、轻安全的侥幸和麻痹心理，使其发挥安全生产的领导作用并对特殊岗位操作人员的心理、气质、性格、情绪等加以分析，进行预先教育，引导和加强危险防范；发现思想问题、感情波动或情绪低落，应尽早了解原因，积极进行疏导，以防酿成不必要的损失；对易产生操作失误和事故的 6 种人员进行重点防范，即新进厂的工人、调岗换出人员、外单位支援人员、身体虚弱人员、婚丧假期满复工人员和因公外出返岗人员。

4. 实施有效的劳动保护

企业要保证职工在劳动过程中的生理和心理健康，通过劳动保护消除和预防工伤事故、减少工作伤害；开展工业卫生工作，防止和控制职业病的发生；实行劳逸结合，保持劳动者充沛的精力，以提高工作效率，避免和减少工伤事故的发生；对女职工实行特殊保护，减轻其不合理的劳动负担，做好妇女"四期"保护工作；对特殊岗位的职工办理人身伤害保险，万一发生事故后使其能得到应有的经济补偿。

5. 开展安全教育

安全教育是帮助员工认识安全生产意义，增长安全生产自觉性和责任心，更好地掌握安全生产科学知识，提高安全生产操作水平的重要环节。安全教育的基本内容包括思想政治教育、劳动保护政策教育、安全技术知识教育、典型经验和事故教育。教育的形式和方法包括入厂教育、车间教育、岗位教育、特殊工种的专门训练、各级生产管理人员的培训和经常性安全教育。

加强企业生产安全的管理就是要建立健全企业生产安全保证体系，加强安全检查制度，实行重点管理和重点防范，同时要注意员工安全教育，提高员工安全意识，体现预防为主的生产安全风险防范策略。

第二节 企业信用风险管理

一、企业信用风险特点

（一）风险的潜在性

很多逃避债务的企业，明知还不起也要借。例如，许多国有企业决定从银行借款时就没有打算要偿还。据调查，目前国有企业平均资产负债率高达 80% 左右，其中有 70% 以上是银行贷款。这种高负债造成了企业的低效益，潜在的风险也就与日俱增。

（二）风险的长期性

观念的转变是一个长期的、潜移默化的过程，尤其在当前，中国从计划经济向市场经济转变的这一过程将是长久的阵痛。切实培养企业与企业之间、银行与企业之间的"契约"规则，建立有效的信用管理体系，需要社会各界付出努力。

（三）风险的破坏性

如果信用道德败坏了，事态就会越变越糟。不良资产形成以后，如果企业本着合作的态度，双方的损失将会减少到最低限度。但许多企业在此情况下，往往会选择不闻不问、能躲则躲的方式，使债权人耗费大量的人力、物力、财力，也不能弥补所受的损失。

（四）风险控制的艰巨性

当前企业的不良资产处理措施，都具有滞后性，这与企业不良资产的界定有关联。同时，还与企业信用风险预测机制、转移机制、控制机制没有完全统一有关。企业往往在不良资产出现后再采取种种补救措施，结果往往于事无补。

二、企业信用风险的产生原因

债务人因各种原因未能及时、足额偿还债务，或银行贷款偿还违约的情况时有发生。因此，发生违约时，债权人或银行必将因为未能得到预期的收益而承担财务上的损失。信用风险是由以下几方面的原因造成的。

（一）经济运行的周期性

经济周期，是指经济运行中周期性出现的经济扩张与经济紧缩交替更迭、循环往复的一种现象，是国民总产出、总收入和总就业的波动，也是国民收入或总体经济活动扩张与紧缩的交替或周期性波动变化。在处于经济扩张期时，信用风险降低，因为较强的盈利能力使总体违约率降低。在处于经济紧缩期时，信用风险增加，因为盈利情况总体恶化，债务人因各种原因不能及时足额还款的可能性增加。

（二）经营异常事件的发生

这种特殊经营异常事件的发生与经济运行周期无关，但对公司经营有重要的影响。授信企业可能因经营管理不善而亏损，也可能因市场变化出现产品滞销、资金周转不灵导致到期不能偿还债务。如果存在完备的信用风险管理与公司经营状况分析，那么债务人在过去时间里违约的次数基本上可以反映出债务人的经营管理能力。因此，衡量债务人的实际履约能力最主要是其生产经营能力的大小、获利情况如何。

（三）债务人品格出现问题

债务人的履约意愿出现了问题，这主要是由债务人的品格决定的。债务人品格，是指债务人不仅要有偿还债务的意愿，而且具备在负债期间能够主动承担各种义务的责任感。这就要求债务人（不论是企业，还是个人）必须诚实可信，而且能够努力经营。债务人品格是难以用科学方法加以计量的，一般只能根据过去的记录和经验对债务人进行信用评价与分级管理。

三、企业信用风险的管理方法

信用风险管理，是指通过制定信用政策，指导和协调各机构的业务活动，对客户资信调查、付款方式的选择、信用限额的确定到款项回收等环节实行的全面监督和控制，以保障应收款项的安全及时回收。企业必须逐步建立信用文化，加强全员信用风险意识。同时，要通过各种形式的信用管理专业培训，提升全员的信用风险管理水平。

（一）资产与负债对称

企业的资产与负债的偿还期应保持高度的对称关系，无论资产还是负债都要有适当的期限构成。资产的分配和期限的长短要根据资金来源的期限或流转速度来确定。企业内部应当转变观念，确立"有效销售"的观念，相应地以复合型考核指标来衡量企业业务发展的成效，不能单纯以出货量的多少来作为企业业务部门唯一的考核指标。因为"十单盈利抵不过一单亏损"，在面临同行以不正规方式提供优惠条件时，过分屈从竞争压力所带来的恶果常常难以想象。

（二）客户资信调查和评估

客户资信调查和评估，就是要在交易前调查和评估客户的信用状况，做出科学的信用决策。这项业务既可以由企业内部专门机构和专职人员完成，也可以委托专门的资信调查机构完成。资信调查的渠道包括客户直接提供的资料、实地调研、行业主管部门、行业协会和政府其他相关部门等。调查内容包括企业概况、历史背景、组织管理、经营状况、财务状况、信用记录、发展前景等。

（三）加强客户授信管理

加强客户授信管理是指对交易对手、借款人或债务人具有违约"可能性"所产生的风险进行的资信与授信管理。首先，制定客户信用政策，即企业信用管理部门在特定的市场环境下，通过权衡应收账款的效益与成本，对处理客户的应收账款所制定一系列政策，主要包括信用标准、信用额度、信用期限、现金折扣等；其次，客户授信应当分散，防止授信集中化，以有效降低信用风险的损失程度。

（四）应收账款管理和回收

应收账款管理和回收，就是在应收账款发生后，通过一系列的管理措施监控账款增减变化，保障账款能够按时回收。应收账款管理的内容主要有：控制应收账款的限额和收回的时间；估计应收账款的持有成本和风险；及时组织安排到期和逾期的应收账款的催收。同时，根据行业特点和自身情况，建立应收账款管理制度：应收账款预算与总量控制制度；销售分类账管理制度；应收账款日常管理制度；应收账款的跟踪管理制度；债权管理制度；收账政策等。

第三节　企业财务风险管理

一、企业财务风险相关概念界定

（一）财务风险定义

企业的财务管理是一种微观经济活动，它是在一定环境下进行的。由于经济环境的可变性，公司财务管理几乎都是在某种程度的不确定状态下进行的。从财务角度看，各种风险因素最终都会集中地体现到财务上来，从而使公司财务管理的方方面面呈现出可变性或不稳定性（反映到主观上即不确定性）。关于财务风险的定义，理论界有两种观点。

1. 狭义的财务风险

狭义的财务风险纯粹是由于使用财务杠杆造成的。西方财务教科书通常将公司财务管理的财务风险划分为两部分：财务风险和经营风险。财务风险是由于使用负债融资而带来的风险，经营风险是由于使用经营杠杆导致的公司息前税前收益的变动。

关于财务风险和经营风险的定义与界定，都是就公司财务管理的营运环境因素及财务结构本身的可变性与不确定性，所引起的公司财务状况（如偿债能力）和财务活动结果（如股东收益）的可变性和不稳定性而言的。

2. 广义的财务风险

广义的财务风险是企业由于受经营环境及各种难以预计或无法控制的因素影响，在一定时期内实际的财务收益与预期财务收益发生偏离，从而蒙受损失的可能性。它是从企业财务管理活动全过程、从财务管理的整体观念透视财务本质来界定的。广义的财务风险贯穿于企业各个财务环节，是各种风险因素在财务上的集中体现。

本书认为：财务风险是企业在财务管理活动过程中，由于各种难以预料或控制的因素的存在，使其实际结果和预期结果发生背离，进而产生损失的可能性。企业的财务风险可以分为内部风险和外部风险，具体包括：融资风险、投资风险、收益分配风险、税务筹划风险、市场风险、信用风险、利率风险和汇率风险等。

（二）财务风险管理定义

财务风险管理相关概念的界定包括财务风险管理的概念和特点两个方面。从概念角度来看，企业财务风险管理是一个价值创造的过程，是一个由董事会、管理层等共同实施，旨在识别影响企业的潜在财务要素并将其加以防范或管控的过程。财务风险管理的目标在于降低财务风险，减少风险损失。这一目标决定了风险管理工作实施过程要兼顾成本与效率，从最经济合理的角度来处置风险。财务风险管理工作是一个动态、连续的过程，应当用发展的眼光加以分析评估，不断调整相应的风险应对策略及风险应对方案。

财务管理是企业发展的命脉所在，能否规避或减少企业财务风险对企业的影响，直接关系到企业的生存与发展。因此，企业应当尤其重视财务风险管理工作，建立健全企业财务风险控制体系、统筹资金安排、提高企业财务风险决策的应变能力、理性投资、提高资产或信誉担保的安全性。只有落实了有效的财务风险防范措施，才能充分发挥财务风险管理的职能，将损失降到最低，保障企业稳步发展。

从特征来看，财务风险管理的特征主要有以下几个方面。

（1）战略性。企业财务风险管理应用于战略的制定和执行过程，为公司战略决策和经营目标的达成提供合理保证，其战略性的特点要求了企业财务风险管理工作必须具备相应的战略高度。

（2）全员性。财务风险管理贯穿于企业整体，应用于企业各个层级和业务单元，应当由组织中各个层级的人员共同参与执行。企业财务风险管理活动应当将"自上而下"与"自下而上"的管理机制有效结合起来，统一公司各层级、各业务领域人员的财务风险管理意识和目标，协调各业务单元的财务风险应对方案和举措。

（3）前瞻性。风险管理旨在将影响企业正常经营的潜在事项识别出来并加以控制，具有前瞻性的特点。财务风险管理的前瞻性要求风险管理工作尽量走在已经实际发生的"风险事件"的前面，将工作重点放在对财务风险"预防性"的干预之上。

（4）目标导向性。财务风险管理工作的开展与所要实现的目标直接相关。企业的财务风险包括筹资风险、投资风险、营运资金风险和收益分配风险等多种类型，财务风险管理工作的目标就在于将上述风险的发生概率和影响程度控制在可接受范围内。

美国反虚假财务报告委员会发起人机构发布的《企业风险管理——整合框架》指出，企业风险管理的根本价值和意义在于确保管理层决策能在企业增长目标和风险因素之间获得最佳平衡，从而为实现公司的价值创造使命而高效配置资源。[①]
这一说明明确了企业风险管理工作价值创造的功能，进一步肯定了企业风险管理
工作的重要意义。

同时，《企业风险管理整合框架》(以下简称《整合框架》)在《内部控制整
合框架》的基础上，将企业风险管理的要素增加到八个：内部环境、目标设定、
事项识别、风险评估、风险应对、控制活动、信息与沟通、监督检查。八个要素
之间相互关联，贯穿于企业风险管理的全过程，共同承载着企业战略、经营、财
务报告和合规性四个目标。《整合框架》的发布为企业财务风险管理工作提供了
重要指引，风险管理要素的完善和补充使之更有力地服务于企业财务风险管理的
实务工作。

二、企业财务风险管理的意义

(一)提高企业及整个社会资源的配置效率

在现实的社会经济运行系统中，企业是实体经济的载体及基本单元，也是市
场配置资源的主体。企业的经营状况及资源配置效率的高低，从根本上决定了整
个社会经济系统资源配置的水平。而有效的企业财务风险管理对提高社会经济系
统资源配置的效率有着多方面的影响。这是因为，在整个经济系统中，企业既是
资源的所有者、使用者，也是所有风险的最终承担者。从经济理论上来讲，由于
风险的客观存在以及企业的风险态度、风险偏好，会影响企业投资决策的选择及
投资决策的有效性。尤其是企业过度而消极的风险回避态度，可能使企业丧失很
多潜在的，甚至较大的投资及盈利机会，从而降低企业投资回报，进而降低整个
社会的资源配置效率。而企业通过采取积极主动而有效的风险管理，并通过对风
险的预先防范、转移及分散，有助于鼓励企业进行可控制风险范围之内的经营行
为及风险投资，从而促进企业及整个社会投资活动与消费活动的高效运行。

此外，实施有效的企业财务风险管理可以提高企业自身的核心竞争力和抵御

---

① COSO 制定发布，方红星，王宏. 企业风险管理：整合框架 [M]. 大连：东北财经大学出版
社，2005.

财务风险的能力，从而可以降低企业遇到风险时出现剧烈的波动和冲击；实施有效的企业财务风险管理可以通过风险承担和风险的资源配置，实现资源的最优分配并提高整个社会经济系统的运行效率。

（二）增加股东价值

目前，中国国有企业中国有独资及国有控股企业仍占有较大比重，最大的股东是国家，其他股东所占股权比例较小，即使是在已经发行股票的上市公司中，国有股仍占有较大比重。从企业的本质及企业的最终目标来看，企业经营管理的目标是实现股东价值的最大化。即在国有独资企业或以国有股为主要股东的国有企业中，其一切经营活动均是围绕增加国家作为大股东和其他股权持有者的企业价值来进行的。从企业进行财务风险管理的实践来看，有效的财务风险管理可以通过降低投资风险，提高投资者信心，降低财务风险损失及企业财务危机成本等途径来提高股东的价值。这从股东价值与企业未来预期净现金流的现值两者之间的关系可以体现出来：

$$V_j = \sum \frac{E(NCF_{jt})}{1+r_{jt}}$$

上式中，V_j 为第 j 个企业的股东价值；$E(NCF_{jt})$ 为企业未来各时期的预期现金流；r_{jt} 为贴现率。而贴现率 r_{jt} 等于无风险收益率 r_D 加上风险回报率 r_S：

$$r_{jt} = r_D + r_S$$

上式表明，增加股东价值有两个途径：一是降低未来现金流的贴现率；二是增加企业未来的预期现金流。而企业有效的财务风险管理可以通过对贴现率 r_{jt} 和企业未来预期现金流的影响来达到增加股东价值的目的。因为，如果企业进行有效的财务风险管理，那么企业未来现金流的波动性就会降低，企业的投资风险可能减少，因此，式中投资者要求的风险回报 r_S 就会下降，贴现率 r_{jt} 就会减小，从而企业的股东价值 V_j 就会相应增加。

无数企业财务风险管理的案例也充分证明了这一点。例如，企业在产品经营中采用多元化经营分散市场风险；在资本市场采用不同的投资组合来降低股市投资风险；在项目投资中，采用多种风险控制手段来降低投资风险；在期货和金融衍生产品市场交易中，采用套期保值和对冲等手段来降低其交易风险等。

（三）降低企业财务危机成本

企业无论是因为市场风险、自然灾害风险还是经营决策风险等原因，陷入财务困境或出现财务危机时，如果不能采取有效措施及时扭转这种不利状况，就有可能因财务现金支付困难而无法清偿到期债务，从而导致破产或被其他收购方兼并重组，这将会给企业带来巨额损失，进而引起企业资产大幅缩水，股东价值下降。一般而言，企业财务危机所带来的损失及成本可以分为两部分：第一部分为直接损失或直接成本，即企业因财务风险而产生的资产直接账面损失，以及进入破产清算程序或被兼并收购时，在法律、会计等中介机构专业服务方面所发生的费用支出；第二部分为许多不可预见并难以从财务账面反映的间接损失或间接成本。例如，当企业陷入财务危机时，有可能引起人心涣散，企业高层管理人员以及专业技术骨干、管理骨干另谋高就，由此导致企业内部管理混乱而使生产经营活动出现较大幅度的波动，诱发经济效益下滑；与企业正常合作的客户或原材料供应厂家可能会因企业出现财务危机而中断合作关系，从而使企业经营活动雪上加霜；银行或其他金融机构也可能因企业的财务危机而停止对企业提供贷款或其他融资支持；在某些情况下，如企业对财务危机应对不当，甚至有可能使这些间接损失超过其直接损失。

与此相对应的是，如果企业采取有效的财务风险管理措施，则有可能降低财务危机所造成的直接损失及间接损失，并明显降低企业因财务风险而发生破产或被其他企业收购兼并的概率，从而减少企业财务危机的预期成本。根据进行财务风险管理及未进行财务风险管理两种企业的比较分析表明，凡是采取了有效财务风险管理措施和手段的企业，其发生财务危机的概率明显要低得多。

三、企业财务风险管理流程

对企业财务风险的管理是通过合理的管理流程来实现的，企业财务风险管理流程包括建立综合信息框架、风险评估、制定风险管理策略、制订实施解决方案，以及监控与改进，如图 4-3-1 所示。

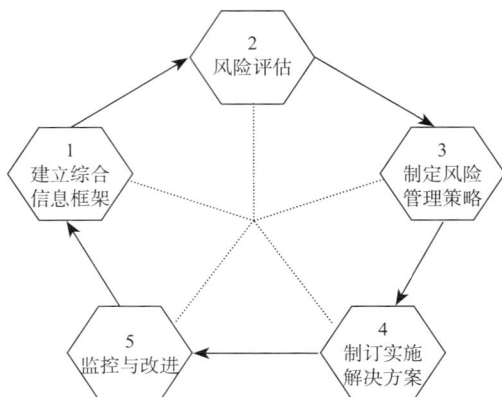

图 4-3-1　风险管理基本流程

　　全面风险管理流程中的第一步是收集风险管理初始信息。初始信息的收集要求广泛、全面，只要是与本企业风险和风险管理相关的内部或外部信息、历史数据、未来预测信息、正面资料抑或反面案例都要悉数收集。应把收集初始信息的职责分工落实到各相关职能部门和业务单位，如市场风险的收集交给市场部、财务风险的收集交给财务部门等。《中央企业全面风险管理指引》（以下简称《指引》）特别强调，在收集初始信息时，应广泛收集国内外企业由于风险失控导致企业蒙受损失的案例，以期对企业有一定的警示作用。

　　全面风险管理流程的第二步是风险评估。风险评估包括风险辨识、风险分析、风险评价三个步骤，在风险评估过程中可以引入大量定性和定量的科学方法。企业应通过对风险管理信息实行动态管理，定期或不定期实施风险辨识、分析、评价，可以对新的风险和原有风险的变化重新评估，进而调整风险管理策略。

　　全面风险管理流程的第三步是制定风险管理策略。根据《指引》的精神，企业在制定风险管理策略时，首先要根据不同业务特点统一确定风险偏好和风险承受度，再据此确定风险的预警线并综合考虑风险管理所需的人力及财力资源配置原则，最后采取相应对策。

　　全面风险管理流程的第四步是提出和实施风险管理解决方案。企业应根据风险管理策略，针对各类风险或每一项重大风险制订风险管理解决方案，并规定了方案一般应包括的具体内容。其中特别强调了企业制订风险解决的内控方案及其制度内控时应包括的内容。

全面风险管理流程的第五步是风险管理的监督与改进。企业应以重大风险、重大事件和重大决策、重要管理及业务流程为重点，对风险管理前四个流程的实施情况进行监督，并采用压力测试、穿行测试等方法对风险管理的有效性进行检验，其目的是根据变化情况和存在的缺陷及时加以改进。

需要注意的是，信息与沟通贯穿于风险管理流程的始终，以保证风险管理相关信息及时传递到相关人员，为风险管理提供正确的依据。

四、企业财务风险管理的优化建议

（一）优化企业的资本结构

合理的资本结构是企业长期发展的主要基础，为了有效地减少债务经营的不利影响，企业在发展过程中需要针对自身的资本结构进行优化，适当调整债务的规模，使债务基金和股权基金之间的比例达到一种平衡状态，能够稳定资产和负债之间的动态平衡。企业在投资之前就需要做好全面充分的准备，针对项目数据进行细致的研究和分析，并且企业需要科学判断自身的债务能力，安排债券融资的期限结构，避免短期债务过度集中的情况。

（二）加强对管理层风险意识的控制

当前我国各大企业存在的较为普遍的问题就是市场经济趋向于日益复杂化发展，但部分企业管理人员还缺乏风险管理和控制意识。这就会进一步加大企业间的竞争力度。在竞争激烈的市场经济下，企业管理人员必须高度重视风险管理，不断提高风险管理水平，在企业内部有效落实财务风险管理和控制的相关政策，并对关键岗位人员加强学习培训力度，整体提高企业财务风险管控水平，这样才能够有效地帮助企业抵御各种财务风险。

（三）建立完善的财务风险管理体系

在企业中开展财务风险管理与控制，首先，需要建立相应的财务风险管理与控制机构，该机构的主要职责是针对本企业经营活动中可能存在的风险点进行分析和控制，提出相关的措施和方案，对方案的具体执行过程进行监督，从而保障企业在财务活动中将风险管理制度有效落实。其次，需要建立健全可行的企业财务风险管理和控制机制。对企业的财务风险预警、风险测评、监督管理等各方面形成一套相对完善的风险管理控制体系。并且可以结合信息化技术实现财务信息的共享，为企业财务风险管理目标的实现奠定良好的基础。最后，要提高财务人员的综合素质，由于财务风险管控体系的大部分数据都来自财务，财务基础工作薄弱也会带来相应的风险，所以说财务人员业务水平的高低在一定程度上决定了该体系能否顺畅高效地执行。

（四）强化信息化技术水平，引进专业人才

企业财务风险管理控制工作离不开稳定高效的人才队伍，因此要加强专业人才的引进工作。当前时代是互联网的时代，在工作当中离不开信息化技术，因此企业在财务风险管理与控制当中可以有效地结合信息化技术，加强财务管理信息化建设；财务人员也要加强学习计算机理论知识，要对软件系统有一定的掌握，才能更好地提高财务管理工作的效率，降低出现财务风险的概率。

（五）强化企业财务预算管理

企业管理者要高度重视预算管理工作，进一步提升财务预算管理的核心地位，预算编制要以企业发展战略为导向，紧密围绕企业发展规划，结合工作重点，坚持"全面性、稳健性、效益性、重要性"的预算原则，各部门要紧密联系、加强沟通，做好做细财务预算、业务预算、资金预算及专项预算等，并根据经营环境及企业实际情况，确定合理经营目标并分解落实到各个业务部门，做到各部门参与预算、全员参与预算；明确各管理目标责任人，制定完善的预算审批机制，在执行过程中根据实际情况做预算动态调整，建立具体的考核监督机制，定期对预算执行情况进行分析总结，促进预算管理以及后续决策工作的有效落实。

第四节　企业市场风险管理

一、企业市场风险管理的概念与类型

（一）企业市场风险管理的概念

市场风险，是指未来市场价格（包括利率、汇率、股票价格和商品价格）的不确定性对企业实现其既定目标的不利影响。市场风险可以分为商品价格风险、利率风险、汇率风险和股票价格风险，这些市场因素可能直接对企业经营产生重大影响，也可能通过对其竞争者、供应商或者消费者的作用而间接对企业经营产生影响。

（二）企业市场风险的分类

1. 商品价格风险

商品价格风险，是指企业所持有的各类商品的价格发生不利变动而给企业带来损失的风险。这里的商品包括可以在市场上交易的某些实物产品，如农产品、矿产品（包括石油）和贵金属等，也包括金融虚拟产品，如期权价格等。

2. 利率风险

（1）重新定价风险。重新定价风险也称为期限错配风险，是最主要和最常见的利率风险形式，源于企业资产、负债和表外业务到期期限（就固定利率而言）或重新定价期限（就浮动利率而言）之间所存在的差异。这种重新定价的不对称性使企业的收益或内在经济价值会随着利率的变动而发生变化。

（2）收益率曲线风险。重新定价的不对称性也会使收益率曲线的斜率、形态发生变化，即收益率曲线的非平行移动，对企业的收益或内在经济价值产生不利的影响，从而形成收益率曲线风险，也称为利率期限结构变化风险。

（3）基准风险。基准风险也称为利率定价基础风险，也是一种重要的利率风险。在利息收入和利息支出所依据的基准利率变动不一致的情况下，虽然资产、负债和表外业务的重新定价特征相似，但是因其现金流和收益的利差发生了变化，也会对企业的收益或内在经济价值产生不利影响。

（4）期权性风险。期权性风险是一种越来越重要的利率风险，源于企业资产、负债和表外业务中所隐含的期权产品。

3. 汇率风险

汇率风险，是指由于汇率的不利变动而导致企业业务发生损失的风险。汇率风险一般因为企业从事以下活动而产生：一是企业为客户提供外汇交易服务或进行自营外汇交易活动。外汇交易不仅包括外汇即期交易，还包括外汇远期、期货、互换和期权等金融合约的买卖等；二是企业从事的银行账户中的外币业务活动，如外币存款、贷款、债券投资、跨境投资等。

4. 股票价格风险

股票价格风险，是指由于企业持有的股票价格发生不利变动而给企业带来损失的风险。

二、企业市场风险的产生原因

从客观层面讲，市场波动是自然存在的，市场节奏确实难以准确把握，经常让企业不知所措。其实，市场节奏只是结果和表象，它的本质是由经济政策决定的。具体来说，市场节奏产生的传导机制是：经济性质→经济目标→经济架构→经济政策→经济形势→市场节奏。客观环境的市场节奏与企业主观经营决策之间的匹配程度决定着企业经营的成败。经济形势是影响市场节奏、价格波动的根本因素，而决定经济形势的重要因素则是经济政策的制定或调整。正因为企业没有厘清影响市场节奏、价格走势的重要因素，所以它们才在不经意间面临市场剧烈波动所带来的巨大风险。

从主观层面讲，企业欠缺掌握市场风险的应对工具。西方资本商务运作已经有 500 余年的历史，面对经济周期性波动和政策变动所带来的市场风险的一次次冲击，它们慢慢掌握了各种各样的预警和应对举措；尤其是 1848 年诞生现代期货市场后，期货等各种金融衍生品工具发展得如火如荼。事实上，在现在的全球经济领域内，金融衍生品工具等虚拟经济年度交易额已经远远超过生产贸易等实体经济的产值，并始终是全球实体贸易中企业市场风险管理的主要工具。但是，伴随着中国期货市场逐渐走向成熟，我们的企业，尤其是抗风险能力较小的民营企业还没有完全认识风险管理工具，没有把它作为与现货同等重要的经营手段，也没有在企业经营体系中增设风险管理部门、配备专门人才、掌握专门方法、科学运用商品期货这项工具，有的民营企业主甚至直接把期货当成了投机或制造更大风险的工具。

具体来说，企业的市场风险产生于以下几种情况。

（一）对企业市场风险的重视不够

作者在与众多实体生产企业主交流的过程中发现，大多数企业主对企业的内部管理很重视，如财务、销售、生产、技术、采购、人事、文化等方面，也参加大量的企业培训，甚至不惜为此付出数十万、数百万元的培训费。但是，他们对企业经营的外部管理、外部经济环境变化、经济形势跟踪分析、市场价格走势变动的分析工作不够重视，更不愿意付出成本吸纳专门人才。

（二）对管控企业市场风险工作的魄力不够

由于期货及其他金融衍生品工具的专业性（海归们称之为"高大上"），企业主们对其普遍缺乏专业了解，对未知领域心怀畏惧，缺乏推动企业转型升级的魄力。

（三）对企业市场风险防范工作投入的精力和资金不够

基于上述两点，企业主不愿意在企业外部市场风险防范工作上投入精力，甚至抱着"风险不会发生"的侥幸，或者抱着"原材料涨，产成品也会涨"的心理，回避"原材料大涨，产成品慢涨而吃掉利润"的事实。此外，他们也不愿意在市场风险防范工作上安排合理的项目资金，认为这些资金的使用不必要，甚至可能会"赌输赔掉"。殊不知，这部分资金是企业经营风险防范工作所必需的，而且占用的资金很少，并不是用来"赌输赢"的，而是为企业减少经营损失，带来利润增长的。

（四）企业市场风险管理工作的专业化水平不够

由于企业主缺乏企业转型升级的理念，对企业的外部管理工作，即对企业市场风险防范工作不够重视，缺乏涉猎学习、组织专门人才进行专业市场风险防范的魄力，不愿意投入资金和精力科学防范市场经营风险，从而造成在企业经营环境变化、市场风险产生时专业应对水平低下、措施缺失，最终形成经营损失。

这些损失客观而严峻。比如，走到哪里都会被企业主问道："塑料的价格怎么会是这样的？""原材料商品的价格怎么变得这么疯狂？""有色金属的价格什么时候不再涨了？"面对这众多无奈的发问，也只能报以无奈的苦笑。因为，我们和他们一样：面对市场价格的变化，我们都做不出神准分析。但是，我们却比他们更深切地认识到：他们应该有迫切地建立风险管控工作体系的需求。因为，众多企业主都一直以为原材料价格的涨跌变化都尽在他们的掌控之中。所以，当期货衍生品行业的专业人士一次次建议他们建立市场风险管控工作体系的时候，或者只是建立信息搜集归纳分析工作体系的时候，他们都会委婉而坚决地谢绝；而面对瞬息万变的外部市场环境，仍然根据行业内口头的业余交流，做出经营决策，待市场变化与企业经营决策发生很大偏差时才后悔连连。

三、企业市场风险管理的过程

市场风险管理是辨识、度量、监测和控制市场风险的全过程。市场风险管理的目标是通过将市场风险控制在企业可以（或愿意）承受的合理范围内，实现经风险调整的收益率的最大化。为了确保有效实施市场风险管理，企业应当将市场风险的识别、计量、监测和控制与公司的战略规划、业务决策和财务预算等经营管理活动进行有机结合。

（一）风险辨识

风险辨识，就是认识和鉴别企业活动中各种损失的可能性，估计市场风险对企业目标的影响，通常包括三个方面：分析各种暴露，研究哪些项目存在风险，受何种风险影响，受影响的程度；分析各种风险的特征和成因；进行衡量和预测风险的大小，确定风险的相对重要性，明确需要处理的缓急程度。常见的风险识别方法包括：德尔菲法、财务透视法、事件推测法（包括跟踪法、列举法）、风险因果图法、事故树法（因果逆推法）、现场调查法（包括情景分析法、经验观察法）等。

（二）风险度量

在确认对公司有显著影响的市场风险因素以后，需要对各种风险因素进行度量，即对风险进行定量分析。目前经常使用的市场风险度量指标大致可以分为两种类型，即风险的相对度量指标和绝对度量指标。通过对风险进行定量分析，可以使公司明确自身所面临的风险大小。常见的风险度量方法包括：主观评分法（A计分法）、层次分析法、决策树法、比率分析法（Z计分法）、盈亏平衡分析法（保本点法）、敏感性分析法、随机型风险估计法、风险报酬法等。

1. 主观评分法（A计分法）

传统的风险评估采用"A计分法"，即将相关的风险因素逐一列出。应包括宏观因素、技术因素、市场因素、管理因素、退出因素等，根据各因素对项目影响程度的大小予以赋值，最后将所有因素的影响值加总，从总体上评价风险度。风险度的项值在0~10之间，得分越高，风险度越大。

2. 层次分析法

将问题包含的因素分层：最高层（目的）；中间层（准则）；最低层（措施、方案）。把各种所要考虑的因素放在适当的层次内，用层次结构图清晰地表达这些因素的关系。

3. 决策树法

决策树的每个决策或事件（即自然状态）都可能引出两个或多个事件，导致不同的结果。决策树有四个要素：决策结点、方案枝、状态结点、概率枝。

4. 比率分析法（Z计分法）

奥特曼于1968年设计的破产预测模型就是比率分析法的典范。根据银行过去的贷款案例分析，选择最能反映借款人财务状况、最具预测或分析价值的比率，设计最大程度地区分贷款风险度的模型，对贷款申请人进行信用风险及资信评估。奥特曼分辨函数如下：

$$Z = 0.012（X_1）+ 0.014（X_2）+ 0.033（X_3）+ 0.006（X_4）+ 0.999（X_5）$$

其中，X_1——流动资本 / 总资产；

X_2——留存收益 / 总资产；

X_3——息前、税前收益 / 总资产；

X_4——股权市值 / 总负债账面值；

X_5——销售收入 / 总资产。

借款人违约临界值 $Z_0 = 2.675$，如果 $Z < 2.675$，借款人被划入违约组；反之，如果 $Z \geqslant 2.675$，则借款人被划为非违约组。但是当 $1.81 < Z < 2.99$ 时，判断失误较大，故称该重叠区域为"未知区"。

5. 盈亏平衡分析法

盈亏平衡分析法也称量本利分析或保本点法。盈亏平衡点是指使企业达到不盈不亏状态的销售量（额），企业销售收入等于全部成本，此时利润等于零。

6. 敏感性分析法

敏感性分析法是从众多不确定性因素中找出对投资项目的经济效益指标有重要影响的敏感性因素，分析其对指标的影响程度和敏感性程度。

7. 随机型风险估计法

在平衡点分析、敏感性分析的基础上，对不确定性因素发生变动幅度进行概率分布，测定不确定性因素对项目指标的影响，以判断项目可行性和风险性以及方案优劣。

8. 风险报酬法

风险报酬法也称调整贴现率法，是将净现值法和资本资产定价模型结合起来，利用模型依据项目风险程度调整基准折现率。调整贴现率法的思路是：对高风险的项目采用较高的贴现率去计算净现值，低风险的项目用较低的贴现率去计算，然后根据净现值法的规则来选择方案。此方法关键在于根据风险的大小确定风险调整贴现率，即必要的资本回报率。

风险调整贴现率的计算公式为：

$$K = i + b_Q$$

式中，K——风险调整贴现率；

$\qquad i$——无风险贴现率；

$\qquad b$——风险报酬斜率；

$\qquad Q$——风险程度。

四、市场风险管理的方法

一旦公司确认自身面临的主要风险，并且通过风险度量方法掌握风险定量，就可以运用多种手段和工具来对所面临的风险暴露加以管理了。首先需要明确的是，并不存在一种对所有公司都是最优的风险管理方法。不同的公司，甚至是同一公司在不同的发展阶段，其所面临的市场风险类型和规模都不一样，因此需要针对具体情况采取不同的优化风险管理策略。一般来讲，当公司认为其面临的市场风险暴露超过了公司可以承受的标准以后，可以采用以下几种方式来管理风险，从而使其风险暴露恢复到可以承受的水平之下。

（一）风险预防

风险预防，是指通过严密的措施阻止风险事件及其损失的发生，即最大限度排除或减轻一切可以事先排除或减轻的风险。这是在损失发生前，为了消除或减少可能引发风险损失的各种因素而采取的一种风险处理方式。一是高度重视风险水平。终生从事股票投机而成效卓著的美国投资家赫希洪的座右铭之一就是："别告诉我可以赚多少钱，但要让我知道我可能赔多少钱。"；二是努力把握市场行情的胜算概率和风险与利润的交换比例。胜算概率过低或比例太差必须谨慎行事。

（二）风险规避

风险规避，是指投资主体有意识地放弃风险行为，完全避免特定的损失风险。简单的风险规避是一种最消极的风险处理办法，因为投资者在放弃风险行为的同时，往往也放弃了潜在的目标收益。所以一般只有在以下情况下才会采用这种方法：

（1）投资主体对该风险极端厌恶。

（2）存在实现目标的其他方案，其风险更低。

（3）投资主体无能力消除或转移风险。

（4）投资主体无能力承担该风险，或承担风险得不到足够的补偿。

（三）风险分散

风险分散是指通过多样化的投资组合来分散和降低风险的方法。通过增加承受风险的单位数量，以减轻总体风险的压力，使项目管理者减少风险损失。

（1）不同项目的分散投资。投资者可通过分散投资不同风险程度的项目，达到降低投资风险的目标，也就是将资金投放于不同风险程度、不同的产业性质、不同的市场或地区上。

（2）不同阶段的分散投资。可将风险资金分散在处于不同发展阶段的风险项目里，这些项目的市场行情的波动不会在同一时间发生。

（3）不同主体的联合投资。集合多个投资者，联手投资一个项目以分担市场风险。

（四）风险转移

风险转移，是指风险投资过程的部分风险或全部风险由一个承担主体向另一个承担主体转移。即通过缔结契约，将让渡人的市场风险转移给受让人承担的行为。通过风险转移有时可大大降低经济主体的风险程度。风险转移的主要形式是所有权转移、非保险合同转移和保险转移。

（1）所有权转移：将可能遭受风险损失的财产或事件转移给其他主体。

（2）非保险合同转移：通过签订合同，可以将部分或全部风险转移给一个或多个其他参与者。

（3）保险合同转移：保险是企业或个体使用最广泛的风险转移方式，即风险保险。

（五）风险保险

风险保险是以保险合同的形式确立双方经济关系，以缴纳保险费建立起来的保险基金，对保险合同规定范围内的风险事故所造成的损失进行补偿或给付。保险是最古老的风险管理方法之一，被保险人支付一个固定金额（保费）给保险人，前者获得保证：在指定时期内后者对特定事件或事件组造成的任何损失给予一定补偿。风险保险的五要素包括：可保风险的存在、大量同质风险的集合与分散、保险费率的厘定、保险准备金的建立、保险合同的订立。

（六）损失控制

损失控制，是指企业对不愿放弃也不愿转移的风险，通过降低其损失事故发生的概率，或缩小其损失发生的程度来达到控制目标的方法。损失控制可分类如下。

（1）按目的不同分为损失预防和损失抑制。前者得以降低损失概率，后者得以缩小损失程度。

（2）按所采取措施的性质分为工程法和行为法。前者以风险单位的物理性质为控制点；后者以人们的行为为控制点，如教育法。

（3）按控制措施的执行时间分为损失发生前、损失发生时和损失发生后的损失控制方法。在损失发生前的控制相当于损失预防，而在损失发生时和损失发生后的控制就是损失抑制。

（七）风险保留

风险保留也称风险承担，如果风险损失发生，经济主体将以当时可利用的任何资金进行支付。风险保留包括无计划自留风险、有计划自我保险两类。

（1）无计划自留风险。无计划自留风险指损失发生后从收入中直接支付，即不是在损失前做出风险资金安排。当经济主体没有意识到风险并认为损失不会发生时，或将意识到的与风险有关的最大可能损失显著低估时，就会采用无计划保留方式承担风险。

（2）有计划自我保险。有计划自我保险指可能的损失发生前，通过做出各种资金安排以确保损失出现后能及时获得资金以补偿损失。有计划自我保险主要通过建立风险预留基金的方式来实现。

第五章 企业风险的内部控制与评价

本章介绍了企业风险管理的内部控制和评价，并对内部控制的目标和类型进行阐述，着重介绍了内部控制的原则、内容和架构，企业风险管理评价的意义和指标也在本章中进行了描述。

第一节 企业风险管理内部控制

一、内部控制概述

（一）内部控制的发展阶段

1. 萌芽阶段

我国系统的内控制度建设是在有了《会计法》之后。1999 年修订的《会计法》第一次以法律的形式对建立健全内部控制提出了原则要求，财政部随即连续制订发布了《内部会计控制规范——基本规范》等 7 项内部会计控制规范。

2. 发展阶段

从更宽泛的管理意义上来说，真正把内部控制和风险管理形成法规，是受到美国 2002 年安然事件、世通公司财务欺诈案及随后美国的萨班斯法案的影响。2006 年经当时国务院领导的批准，这一问题被提上议事日程，成立了企业内部控制标准委员会，正式开始这项工作。当年 6 月 6 日，国资委发布了《中央企业全面风险管理指引》，这是我国第一个全面风险管理的指导性文件，意味着中国走上了风险管理的中心舞台。2008 年 6 月 28 日，财政部、证监会、审计署、银监会、保监会五部门联合发布了《企业内部控制基本规范》（以下简称《规范》）。《规范》

自 2009 年 7 月 1 日起先在上市公司范围内施行，鼓励非上市的其他大中型企业执行。《规范》的发布，标志着我国企业内部控制规范体系建设取得了重大突破，有业内人士和媒体甚至称之为中国版的"萨班斯法案"。

3. 全面应用阶段

2010 年 4 月 26 日，财政部、证监会、审计署、银监会、保监会等五部委联合并发布了《企业内部控制配套指引》。该配套指引包括 18 项《企业内部控制应用指引》《企业内部控制评价指引》和《企业内部控制审计指引》，连同此前发布的《企业内部控制基本规范》，标志着适应我国企业实际情况、融合国际先进经验的中国企业内部控制规范体系的基本建成。为确保企业内控规范体系的平稳顺利实施，财政部等五部门制订了实施时间表：自 2011 年 1 月 1 日起首先在境内外同时上市的公司施行，自 2012 年 1 月 1 日起扩大到在上海证券交易所、深圳证券交易所主板上市的公司施行；在此基础上，择机在中小板和创业板上市公司施行；同时，鼓励非上市大中型企业提前执行。

（二）内部控制的目标和原则

1. 内部控制的目标

（1）保证法律、法规和企业内部规章制度的贯彻执行

无论是什么企业首先都生存在一个社会环境当中，遵守相应的法律、法规是任何一个企业首先需要遵循的。同时，企业一般都会相应形成一套自己企业内部的规章制度。一个企业要保证社会上的法律和内部的规章制度都得到贯彻执行，并不是容易的事。防范法律方面的风险、保证企业规章制度的贯彻执行对一个企业的健康运作非常重要。

（2）保证企业自身发展战略和经营目标的全面实施和充分实现

企业的战略管理和战略实施是企业管理和企业发展最核心的问题。战略决定了企业未来的发展方向、发展道路。为了保证企业制定的发展战略、企业经营目标能够得到实现，企业必须要有一个强有力的并且完善的内部控制制度，内部控制是企业提高管理水平和执行力的重要环节。

（3）保证企业风险管理体系的有效性

内部控制的根本目标在于维护企业的长治久安，促进企业平稳发展。因此，

内部控制必须以保障企业风险管理的有效性为己任，防范公司经营运作过程当中的各种风险，保证公司的经营活动和管理活动运转正常，保证风险管理体系的正常到位。

（4）保证企业业务记录、财务信息及经营信息得到及时、完整和真实的反映

管理的根本在于决策，决策的根本在于选择，而信息则是选择的基础。无论对于一般企业，还是对于银行、证券公司，保证各项业务记录、财务信息及其他管理信息的及时、完整和真实，对于企业堵塞各种财务漏洞都具有非常重要的意义，也是企业科学决策、正确决策的基础。

（5）防范利益冲突对企业的损害与企业资产流失

组织是人构成的，组织内部的利益冲突以及个人与组织的利益冲突自然在所难免。内部控制的重要目标之一，就是要防范这些利益冲突对企业可能造成的伤害，特别是要防范个人为私利而损害企业利益的行为及由此产生的企业资产浪费和流失。

2. 内部控制的基本原则

（1）全面性

全面性，是指内部控制是对企业组织一切业务活动的全面控制，而不是局部性控制，应当渗透到各项业务过程和各个操作环节，覆盖所有的部门、岗位和人员。内部控制不仅要控制考核财务、会计、资产、人事等政策计划执行情况，还要进行各种工作分析和作业研究，并及时提出改善措施。当然全面性并不是说对所有的部门和人员不加区别，没有侧重。对于关键和敏感部门和人员应该有更加严格的内部控制措施，对于企业的一般部门和人员也应该有相应的控制措施。

（2）审慎性

内部控制应当以防范风险、审慎经营为出发点。"防患于未然"是内部控制的重中之重。

（3）权威性

所谓权威性，就是指企业内部部门和个人都必须尊重内部控制的规定，服从内部控制的制约。内部控制如果没有权威性，就不可能得到有效的贯彻和执行。

（4）独立性

内部控制的检查、评价部门应当独立于内部控制的建立和执行部门，独立于企业的其他职能机构，免受企业内外各种因素的干扰，并有直接向董事会和高级管理层报告的渠道。独立性也是为了保证内部控制的有效性和权威性。

（三）内部控制的特点和固有局限性

1. 内部控制的特点

内部控制既然是一个组织内部的牵制和平衡，那么设计问题自然就变得非常重要。比如职责分离的设计、控制制度的设计、组织架构的设计等，都是企业内部控制制度设计的关键所在。良好的内部控制系统离不开良好的组织设计和制度安排。

另外，内部控制也是一个企业文化问题。一个企业内部控制是不是完善，是不是得到有力的执行，在很大程度上取决于企业的文化氛围，取决于企业的控制环境，取决于高层的态度和认识。这就要求高层首先应该对内部控制有足够的认识、认同和支持，另外高层也应该按照自身内部控制的要求去行使自己的职权。

2. 内部控制的固有局限性

内部控制有一些固有的局限性，这就像是测量工作中的系统误差，只能尽量减少和避免，但难以完全消除。因此，那种认为有了内部控制就可使公司经营高枕无忧的想法是不切实际的。内部控制可能因为以下几个因素影响而失效。

（1）人为因素使内部控制失效。内部控制制度是由人设计建立的，发挥作用的关键在于执行人员的实际运作水平。任何"完美的"内部控制系统，都会因设计人经验和知识水平的限制而带有缺陷。员工对控制责任的误解，当事人和执行者执行时的麻痹大意、玩忽职守、心存侥幸等均可使内部控制效力下降。这就要求高层加强和员工的沟通，采取必要的奖惩措施，使员工认识内部控制的重要性，遵守内部控制的规定。高层同时应该给员工做出尊重内部控制措施的表率。

（2）时间推移使控制措施逐渐失效。企业处在一个无时无刻不在变动的市场中，但内部控制制度一般都是为曾经发生、重复发生的业务而设计的，这也使其对不正常的或未能预料到的"例外"业务类型失去控制力。公司的内部经营环境、外部法律和市场环境会随时间的推移而发生变化，使得原有内部控制措施不能永远有效，不能永远适应公司的经营和战略发展的需要，所以内部控制也应与时俱进、不断更新。

（3）外部力量的干扰也会影响到内控措施的效力。举例来说，行政力量的干预、不可抗力均可影响一个企业内控措施的执行。

（4）管理层违规导致内控乏力。任何人都不能凌驾于法律之上，企业中任何人都不可能不受内部控制措施的约束。如果企业内部行使控制职能的管理人员不能正确地履行自己的职能，而滥用职权、蓄意营私舞弊，那么即使设计良好的内部控制，也不会发挥其应有的效能。当然内部控制的具体措施针对不同的人要求应该不一样。组织强调制度面前人人平等，防止任意违反或利用职权践踏内部控制的制度，并对废除内部控制措施的行为进行严格监控。对管理层而言这一点尤为重要，因为上梁不正下梁歪，高层决定基调。

（5）失控的资产和信息接触降低内控效力。组织应通过对直接接触资产本身的控制、对资产取得和使用合法性的控制，以及对接触信息的控制来确保内部控制的有效性，防止资产流失和信息外泄。

（6）形式主义危害内部控制。内部控制，贵在执行。很多时候，控制制度表面看起来非常完善，但是没有被有效执行或实际执行的效果并不理想。内部控制制度一定要实用可行，形式主义反而会适得其反，不能切实予以执行的内部控制制度，其作用是微乎其微的。

（四）内部控制的作用

首先，企业内部控制是解决信息失真、保证国民经济正常运转的客观要求。当前我国信息失真现象较为严重，它不仅影响着企业生产经营活动正常持久地进行，而且有碍于宏观经济的发展。失真现象的背后，体现出在日常工作中，单位的各项制度有章不循或无章可循，各项批准授权不清，相互牵制不到位。制度缺乏科学性和连贯性，缺少事前控制制度，多为事后采取补救措施等。

其次，企业内部控制是建立现代企业制度、强化内部管理、提高经济效益的客观要求。内部控制是现代企业管理的重要组成部分，对确保企业各项工作的正常进行、促进企业经营管理效率的提高及建立现代企业制度有着非常重要的作用。

第三，企业内部控制是统合企业整体的有力工具。现代企业的成功经营，离不开生产、营销、物资、计划、财务、人事等部门的通力合作。各部门的业务虽有单独的系统，但其个别作业与整体业务又必然会发生联系，并受其他部门作业的牵制和监督。正是基于这一点，内部控制利用会计、统计、业务、审计等部门的制度规划及有关报告等作为基本工具，以实现企业统合与控制的双重目的。

第四，企业内部控制是防范财务风险的客观要求。企业应当建立规范的对外投资决策和程序，通过重大投资决策集体审议联签责任制度，加强投资项目立项、评估、实施及投资处理等环节的控制，以防范投资风险。

二、内部控制的架构和类型

（一）内部控制的组织架构

《企业内部控制应用指引第 1 号——组织架构》所称组织架构，是指企业按照国家有关法律法规、股东（大）会决议和企业章程，结合本企业实际，明确股东（大）会、董事会、监事会、经理层和企业内部各层级机构设置、职责权限、人员编制、工作程序和相关要求的制度安排。

1. 组织架构设计与运行中需关注的主要风险

（1）治理结构形同虚设，缺乏科学决策、良性运行机制和执行力，可能导致企业经营失败，难以实现发展战略。

（2）内部机构设计不科学，权责分配不合理，可能导致机构重叠、职能交叉或缺失、推诿扯皮，运行效率低下。

2. 内部控制要求与措施

（1）组织架构的设计

①企业应当根据国家有关法律法规的规定，明确董事会、监事会和经理层的职责权限、任职条件、议事规则和工作程序，确保决策、执行和监督相互分离，形成制衡。

董事会对股东（大）会负责，依法行使企业的经营决策权。可按照股东（大）会的有关决议，设立战略、审计、提名、薪酬与考核等专门委员会，明确各专门委员会的职责权限、任职资格、议事规则和工作程序，为董事会科学决策提供支持。监事会对股东（大）会负责，监督企业董事、经理和其他高级管理人员依法履行职责。经理层对董事会负责，主持企业的生产经营管理工作。经理和其他高级管理人员的职责分工应当明确。董事会、监事会和经理层的产生程序应当合法合规，其人员构成、知识结构、能力素质应当满足履行职责的要求。

②企业的重大决策、重大事项、重要人事任免及大额资金支付业务等，应当按照规定的权限和程序实行集体决策审批或者联签制度。任何个人不得单独进行决策或者擅自改变集体决策意见。重大决策、重大事项、重要人事任免及大额资金支付业务的具体标准由企业自行确定。

③企业应当按照科学、精简、高效、透明、制衡的原则，综合考虑企业性质、发展战略、文化理念和管理要求等因素，合理设置内部职能机构，明确各机构的职责权限，避免职能交叉、缺失或权责过于集中，形成各司其职、各负其责、相互制约、相互协调的工作机制。

④企业应当对各机构的职能进行科学合理的分解，确定具体岗位的名称、职责和工作要求等，明确各个岗位的权限和相互关系。企业在确定职权和岗位分工过程中，应当体现不相容职务相互分离的要求。不相容职务通常包括：可行性研究与决策审批；决策审批与执行；执行与监督检查等。

⑤企业应当制定组织结构图、业务流程图、岗（职）位说明书和权限指引等内部管理制度或相关文件，使员工了解和掌握组织架构设计及权责分配情况，正确履行职责。

（2）组织架构的运行

①企业应当根据组织架构的设计规范，对现有治理结构和内部机构设置进行全面梳理，确保本企业治理结构、内部机构设置和运行机制等符合现代企业制度要求。

企业梳理治理结构，应当重点关注董事、监事、经理及其他高级管理人员的任职资格和履职情况，以及董事会、监事会和经理层的运行效果。治理结构存在问题的，应当采取有效措施加以改进。

企业梳理内部机构设置，应当重点关注内部机构设置的合理性和运行的高效性等。内部机构设置和运行中存在职能交叉、缺失或运行效率低下的，应当及时解决。

② 企业拥有子公司的，应当建立科学的投资管控制度，通过合法有效的形式履行出资人职责、维护出资人权益，重点关注子公司特别是异地、境外子公司的发展战略、年度财务预决算、重大投融资、重大担保、大额资金使用、主要资产处置、重要人事任免、内部控制体系建设等重要事项。

③ 企业应当定期对组织架构设计与运行的效率和效果进行全面评估，发现组织架构设计与运行中存在缺陷的，应当进行优化调整。企业组织架构调整应当充分听取董事、监事、高级管理人员和其他员工的意见，按照规定的权限和程序进行决策审批。

（二）内部控制的类型

1. 预防性控制

预防性控制是指为了防止错误和舞弊的发生而采取的控制措施，即"事前"控制。要求对整个运行活动的关键点有比较深刻的理解，能预见问题。例如，对客户的信用进行审核以减少坏账的发生，对机器设备的报废和清理要进行审批以保护资产的安全，将存在利益冲突的职务进行分离以防止舞弊等，都是预防性控制。

预防性控制是操作性的，是由不同的人员或职能部门在履行各自职责的过程中实施的。预防性控制措施包括职责分离、监督性检查、双重检查、合理性校验、完整性校验以及正确性校验等。这种控制既是对企业部门和个人行为的一种制约，以防止弊端和错误的发生，也是出于对企业部门和员工的一种保护，减少其犯错误的机会。当然，这些预防性措施能否真正被遵守，还必须有良好的监控机构作为保证。

2. 检查性控制

检查性控制是把已经发生和存在的错误检查出来的控制，属于"事中"或"事后"控制的范畴。例如，核对银行对账单就是关于现金收支的一项关键的检查性控制手段。考虑这样一种情形：某组织规定，超过一万元的支付必须经由两名指定的审核人员同意签字，方能进行。有一次，其中一名审核人员因故外出，另一名审核人员认为时间紧迫，便单独签发了一张金额过万的付款支票。这样就只能通过事后核对的检查性控制手段来找出这笔违规的付款，并进一步查明是否存在问题。如果没有检查性控制加以监督，在场的那名审核人员很可能会滥用职权或草率行事，批准可能存在问题的支付行为。可见，如果缺乏检查性控制，当预防性的实施存在困难时，有关人员就会为所欲为，使控制制度遭受严重损坏；更为严重的是，组织难以及时发现存在的问题及其影响范围，从而不能及时采取措施加以解决，结果只能任由问题发展下去，导致巨额损失。从这个意义上讲，检查性控制是对预防性控制的重要补充。检查性控制通常并不适用于业务流程中的所有交易，而适用于一般业务流程以外的已经处理或部分处理的某类交易，可能一年只运行几次，如每月将应收账款明细账与总账比较；也可能每周运行，甚至一天运行几次。

3. 纠正性控制

纠正性控制，是指对那些由检查性控制查出来的问题进行纠正的控制。预防是事前的，检查通常是事中的，在内部控制当中把问题找出来进行纠正则是事后的。对于一个完善的内部控制系统来说，这三点缺一不可。例如，在前述的由一名审核人员违背预防性控制的规定违规支付大额款项的案例中，如果企业通过检查性控制及时发现审核人员批准了存在问题的支付行为，而银行尚未兑付付款支票，则企业可以立即通知银行撤销该支票。

4. 指导性控制

指导性控制不是为了预防、检查和纠正不利的结果，而是为了引导或促使期望发生的有利结果的实现而采取的控制。而前述预防性控制、检查性控制和纠正性控制则是为了预防、检查和纠正不利的结果。例如，宾馆、饭店要求员工微笑服务，目的在于赢得顾客的好感，从而有利于树立公司的良好形象，提高公司的声誉。

5. 补偿性控制

补偿性控制是指针对某些控制环节的不足和缺陷而采取的控制措施或补救措施。例如，许多小公司由于人手有限，从成本节约的角度出发，往往缺乏充分的职责分离，此时，由股东直接对经营进行监督，不失为一种良好的补偿性控制方法。岗位轮换、不定期盘点、突击检查等也是补偿性控制的一种方式。

三、内部控制的内容

（一）预算控制

预算控制要求企业加强预算编制、执行、分析、考核等环节的管理，明确预算项目，建立预算标准，规范预算的编制、审定、下达和执行程序，及时分析和控制预算差异，采取改进措施，完善预算的执行。为切实发挥预算在企业管理中的作用，及时、全面提供预算执行信息，并针对预算差异及时修正从而确保最终结果达成既定的预算目标。对于公司的各项开支，预算内资金一般实行责任人限额审批，限额以上资金则应实行集体审批，以严格审查、控制无预算的资金支出。当然预算并不是一成不变的，企业必须始终掌握原则性和灵活性相结合的原则。

预算控制是企业内部控制的最重要方面之一，预算控制必须有足够的科学性和权威性。科学性体现在预算安排应当符合公司的战略和经营需要，权威性则体现在不能随意突破甚至破坏预算。

（二）信息系统控制

现代企业都越来越重视管理信息系统的应用，通过管理信息系统企业可以在第一时间获取经营、市场、价格、销售、库存、财务、人员、公共关系方面的信息。这样一方面可以在很大程度上提高工作效率、降低成本；另一方面可以提高决策的科学性，因为信息的完整性、可靠性、准确性、及时性、集成性是管理层决策的基础。

这样一来，信息系统的安全性问题就会随之而来，现代信息安全直接影响企业的经营、研发、竞争，甚至生存。对企业而言，财务信息、研发资料、客户资料都是其他竞争对手相互争抢的东西。信息安全包含两个层面的内容：一个层面是信息系统自身的安全，关注如何防范黑客和病毒，如何保障数据资料不会因为意外事故、操作失误而受到影响；另一个层面则关注企业如何保障这些信息不会经过非正常的渠道流传出去，泄露企业的商业机密。企业必须在这些核心信息资源方面有着严格的控制措施，并根据信息的不同机密程度制定不同的保密措施和控制系统，确保企业信息资源的安全性。

（三）职务分离控制

职务分离控制和内部控制的原意密切相关。前面已经提到过，内部控制在萌芽期的时候称为内部牵制，其中一个重要方面就是不相容的职务相互分离的控制。所谓不相容职务是指那些如果由一个人担任，既可能发生错误和舞弊行为，又可能掩盖其错误和弊端行为的职务。对于这类职务，有必要将其拆分给多个人共同处理。这是一种预防性控制，由不同人员或职能部门在履行各自职责的过程中实施。目的就是为了防范因为权力过于集中而导致的利益冲突甚至腐败，保障企业的资产安全和规范经营。高级管理层应该解释清楚什么是有效的职责分离并让员工理解其各自的控制责任。

投资银行一般都会设立防火墙，把不同部门及它们之间的职责分离开，比如研发部门和投资部门之间就设有防火墙。一般企业比较典型的职务分离控制是出纳和会计职责分离，采购人员和最后的签约人员职责分离，入货人员和验货人员职责分离等。

（四）授权控制

严格地讲，组织开展的任何活动都应有相应的授权。授权以后，为了避免滥用权力，还要经常对各组织活动的程序进行审查。

授权按性质的不同可以分为综合授权和特别授权。综合授权也被称为一般授权，是对办理常规业务所确定的权力及职责。而需要特别授权的则是那些企业中不属于常规业务的重大业务决策和特殊事件的处理。比如，对于规定限额内的采购项目，采购员可自行决定采购，即为一般授权；对于超过限额的采购项目，需由主管人员另行审批才可采购，即为特别授权。授权要有相应记录，并提供证明文件。在授权批准控制中要避免两个极端：一个是层层审批，使得企业工作缺乏效率；另外一个就是要避免权力过分集中。总之，在授权控制的过程中，关键是要做到科学性和方便性相结合。

（五）资产保全控制

这里所说的资产既包括企业的实物资产，如机器设备、办公用品、存货，也包括企业的金融资产，如现金、银行存款等，还应包括企业的信息资产，如企业的经营财务信息、各种空白单据等文件资料等，再有就是企业的某些无形资产，如企业的技术机密、产品设计方案、配方。保护资产安全的最好办法是限制对资产的接触，保证只有获取相应权限的人员才有接触资产的资格。保护资产安全的其他措施包括资产盘点、财产记录、账实核对、财产保险等。

（六）信息披露控制

从保护投资者利益的角度出发，各证券市场都强制性地要求公众（上市）公司及时、准确、完整地披露各种重要信息。近年来，由于公众公司的信息披露造假丑闻时有发生，导致证券监管部门对公众公司信息披露的要求也变得越来越严格。保证公司的信息披露符合监管部门的要求和法律规定，已经成为公众公司内部控制的重要内容。

（七）法律、法规执行控制

合法经营是企业防范法律风险、实现可持续发展的重要保障。法律、法规执行控制的目的就是为了保证企业依法运作，按章办事，以规避法律风险和法律纠纷。

四、企业内部控制的加强措施

（一）提高认识

领导重视是发挥内部控制作用的前提，企业单位负责人要深刻认识到实施内部控制不仅是管理部门的要求，而且也是规范经营、降低企业风险、提高管理效益以保证企业目标顺利实现的重要举措，必须亲自挂帅组织本单位内部控制的建设。要建立内部控制管理领导责任制，将企业内部控制管理的好坏与主要领导的政绩业绩考核结合起来，层层负责，将内部控制管理工作落到实处。

（二）深化产权制度改革

内部控制能否真正成为管理者的内在需求，是企业内部控制制度会否流于形式的关键。而要使内部控制成为企业的内在需求，主要取决于企业是否通过提供真实的信息取信于社会。但是目前许多企业尚未做到。因此，只有通过产权制度改革，建立现代企业制度，使企业领导人和企业兴衰息息相关，企业领导者才有动力去实施内部控制制度，企业内部控制制度才会真正发挥其应有的作用。

（三）明确控制目标

内部控制制度重点是围绕会计核算和会计监督环节来设置的。一般说来，健全的内部控制制度应能有效预防错误和舞弊的发生。即使发生了，也容易及时发现和纠正。因此，在设计时必须明确控制目标，充分考虑各项内部控制制度是否符合内部控制基本原则，认真检查关键控制点是否得到了控制，所有的控制目标是否已达到。

（四）完善内部控制环境

控制环境，是指对建立或实施某项政策发生影响的各种因素，主要反映单位管理者和其他人员对控制的态度、认识和行动。企业内部控制应当建立在共同的道德规范的基础上，强调沟通和感情的交流，消除管理者和被管理者之间的隔膜，强调每一个人的积极性，形成真正意义上的团队精神。只有当企业凝聚起来一种文化氛围、企业价值观、企业精神、经营境界和广大员工所认同的道德规范和行为方式，才能为内部控制程序的执行创造良好的人文环境，也只有企业中的每一个员工目标明确、观念相同，内部控制才能更有效。

（五）加强内部监督

企业内部控制是一个过程，这个过程是通过纳入管理制度及活动实现的。因此，要确保内部控制制度被切实地执行，且执行效果良好，其必须被监督。企业应设置内部审计机构或建立内部控制自我评估系统，加强对本企业内部控制的监督和评估，及时发现漏洞和隐患，并针对出现的新问题和新情况及内部控制执行中的薄弱环节，及时修正或改进。做到有章可循，违章必究，违规必罚，以罚促纠。

（六）强化外部监督

在管理者内部控制观念普遍淡薄的情况下，要充分发挥政府在企业内部会计控制方面的作用，依靠政府的权威性，按照有关法律法规来规范企业建立健全内部控制制度，并使之有效实施。要加大执行力度，对不能加强企业自身内部控制、违反法律法规，导致企业目标没有实现的行为，应依法追究管理者的责任。同时要进一步履行社会公证和监督职能。另外还可以发动社会各方面参与监督，鼓励与支持新闻媒体对企业违法违纪行为曝光，以充分发挥社会舆论监督的作用。

总之，加强实施内部控制能够规范社会主义市场经济秩序，确保国民经济稳定、持续、健康地向前发展。有活力的内部控制制度应该是推动企业创新的制度，只有企业全体职工齐心协力，相互支持，相互激励，企业内部控制才能发挥应有的作用。

第二节　企业风险管理评价

一、企业风险管理评价的内容

风险管理评价可用以检查、评价风险管理过程的充分性和有效性。

（一）评价风险管理主要目标的完成情况

主要表现在评价公司以及同行业的发展情况和趋势，确定是否可能存在影响企业发展的风险；检查公司的经营战略，了解公司能够接受的风险水平；与相关管理层讨论部门的目标，存在的风险，以及对降低风险和加强控制的活动评价其有效性；对企业因规避、减轻、转移、控制运行风险而建立的风险管理体系或方法的完备性、有效性进行评估，帮助企业或企业监管单位进一步改进该风险管理体系；对体系设计、建设、管理和运行情况进行全面分析和评估；评估与风险管理有关的薄弱环节，并与管理层、董事会、审计委员会讨论，提出意见并监督实施。

（二）评价管理层选择的风险管理方式的适当性

每个公司应根据自身活动来设计风险管理过程。一般来说，规模小的、业务不太复杂的公司，则可以设置非正式的风险管理委员会定期开展评价活动；规模大的、有市场融资能力的公司必须用正式的定量风险管理方法。内部审计人员的职责是评价公司风险管理方式与公司活动的性质是否适当。

二、企业风险管理评价的意义

风险管理评价是根据风险管理的理想模式，对企业现行风险管理体系的健全性、遵循性与有效性进行的检测、分析和评定，其实质是评价企业风险管理体系的设计与执行情况。进行风险管理评价的意义主要体现在三个方面。

（一）对风险管理制度可行性检测和改进

由于不同的企业，其经营规模、所面临的外部经营环境和内部经营环境不同，一模一样的风险管理体系也不可能适用于所有的单位，即使在同一单位，因为不同时期内外部各项条件的时刻变化，其不同时期的风险管理与内部控制的效果也不相同。因此，不断地调整和完善企业的风险管理体系及内部控制制度，定期或不定期地开展风险管理评价，是有效实施全面风险管理的重要手段和必要环节。

（二）对风险管理制度贯彻执行情况的检查和强化

通过风险管理与内部控制评价，不但能够发现和检测风险管理与企业内部控制制度的缺陷，而且可以了解员工对风险管理与内部控制制度的执行程度和执行结果，从而提高企业的经营管理水平。

（三）对企业审计和自律监管重点的选择和确定

随着现代企业的经营规模和经营业务的不断扩展，内部审计工作的业务量也不断加大，监督领域逐步拓宽，涉及企业经营管理的方方面面。过去的事无巨细进行全面审计的方式已经显然不可取。通过风险管理与内部控制评价，可以首先发现风险管理与内部控制失控点和风险点，有侧重地集中力量，针对重点进行审计，从而提高审计工作的准确性和针对性，并降低审计成本。现阶段，西方先进的审计理论和方法已经相当科学和完善，内部审计已经发展到以风险管理与内部控制评价为主体、以风险防范为目标、以提高绩效为目的的高级阶段。

三、风险管理评价的指标

（一）企业风险管理机制评价指标

评价企业对风险是否能够进行有效的管理，首要问题是考察企业的风险管理机制。概括地说，企业风险管理机制主要寓于决策机制和内控机制中。企业的投资风险管理，取决于决策机制。企业实际运营与操作中的风险管理，取决于内部控制机制。

1. 评价决策机制

主要关注三点：一是对其制衡机制的有效性做出判断，进行权力结构科学合理性分析；二是考察在具体执行过程中是否常有"例外"情况发生，进行决策程序的可行性分析；三是进行决策责任的确定性分析，即考察决策责任是否落实到具体人，发生决策失误时，能否找到应该承担责任的人。良好的决策机制主要表现为：权力结构合理，责任与权力统一，制衡机制有效，决策程序能够严格执行，出现决策失误责任人明确具体。

2. 评价内部控制机制

主要关注四点：一是内控制度是否健全，企业运营的所有操作都要有据可依，内部控制不能有侥幸心理，制度必须全面、严密、明确、具体；二是内控制度执行是否严格，"有法不依"是风险防范的"天敌"，比"无法可依"危害更大，在企业运营中需要严格执行相关法律制度，任何人、任何行为都不能有"例外"；三是组织结构是否有利于内控机制的正常运转，不相容的职务是否分设，制约制衡机制是否有效；四是"罚则"是否具体，能否落实。

（二）企业经营风险管理评价指标

通常，对企业经营风险可以从生产、市场、资源、管理、财务、环境等方面进行考察和分析评价。具体做法可采取企业自测和专家分析相结合的方法。经过分析研究，对可能发生的风险列表，由企业相关人员对这些风险做出自测分析，在风险度上给出"高、中、低"三个层次等级的预测，然后再由有关专家进行鉴别。这种方法一般用来评价企业风险意识及风险管理的敏感程度。

1. 生产风险分析

主要分析设备（装备）的适用性，能否满足当前生产经营需要，能否满足企业发展需要；产品（或经营服务）的市场定位和市场地位，客户的满意程度；主要产品所处的技术寿命周期和市场寿命周期；产品（或经营服务）的质量状况；技术储备和新产品开发情况；生产（经营）成本的竞争能力；工艺合理性及先进程度。

2. 市场风险分析

在分析本企业竞争优势、销售策略、销售网络、价格策略、市场份额时，也要对主要竞争对手的情况进行详细分析，俗话说知己知彼才能百战不殆。

3. 资源风险分析

主要分析人力、资本、原材料、能源、技术等重要资源的来源、价格、质量，以及资源占有率、地域分布等。

4. 管理风险分析

主要分析企业组织结构对企业发展战略的适应性，决策程序的合理性，对所属企业（分支机构）控制制度和控制方法的有效性，分配制度（激励机制）的合理有效性，业绩考核方式的合理合规性，内控制度的完备性和执行有效性。

5. 财务风险分析

主要分析资产结构的合理性，与本企业主业经营性质的适应性；根据财务报告，分析资产的可流动性和偿债能力；投资评价制度的科学合理性，以及对投资主体的激励作用；财务信息的客观可靠性、及时性、完整性；财务信息对决策的影响力；汇率、利率变动对企业的影响等。

四、风险管理评价体系

风险管理评价体系中主要是对企业风险管理状况的评价，包括企业风险管理环境、企业风险识别与评估、企业内部控制、风险管理信息交流与反馈、风险管理监督与改进、案件和责任事故评价六个评价系统。

（一）企业风险管理环境评价系统

企业风险管理环境评价系统占评价总权重的 25%。主要内容包括：风险管理组织体系是否建立健全，主要包括规范的公司法人治理结构、对子公司的控制；风险管理职能部门、内部审计部门和法律事务部门以及其他有关职能部门、业务单位的组织领导机构是否健全；股东（大）会、董事会、监事会与经理层、各职能部门之间的权责分配是否合理，职责分工是否明确，报告关系是否清晰；是否制定了明确、适宜、有效的风险管理与内部控制政策；是否建立了风险管理目标；

是否建立了符合风险管理与内部控制要求的授权管理体系；是否制定了完整的人力资源政策，是否建立了完善的人力资源管理体系；是否建立了法律风险管理体系；是否培育和塑造了良好的风险管理文化等。

（二）企业风险识别与评估评价系统

企业风险识别与评估评价系统占评价总权重的 10%。评价的主要内容包括：是否建立了风险识别、评估的机制和程序，并进行持续的风险识别和评估；是否及时识别、系统分析经营活动中与实现内部控制目标相关的风险，合理确定风险应对策略；是否及时改进风险管理与内部控制制度、有效地防范和控制风险；是否建立了风险与危机预警系统；是否建立了风险应急、危机处理和相应的防范措施等。

（三）企业内部控制评价系统

企业内部控制评价系统占评价总权重的 50%。评价的主要内容包括：内部控制是否贯穿决策、执行和监督全过程，是否覆盖企业及其所属单位的各种业务和事项；各项业务、事项和各个职能部门是否执行和实施了有效的相互制约、相互监督等内部制衡措施；各项业务和事项是否按照组织控制、权限控制、目标控制、措施控制、流程控制等环节进行管理和控制等。内部控制评价系统包括十个子系统。

（1）企业预算内部控制评价（占内部控制评价权重的 5%）。

（2）企业筹资内部控制评价（占内部控制评价权重的 5%）。

（3）企业投资内部控制评价（占内部控制评价权重的 5%）。

（4）企业财务内部控制评价（包括货币资金、存货、固定资产、无形资产、工程项目、成本费用、担保、关联方交易、财务报告编制与信息披露等）（占内部控制评价权重的 55%）。

（5）企业采购内部控制评价（占内部控制评价权重的 5%）。

（6）企业销售内部控制评价（占内部控制评价权重的 5%）。

（7）企业质量内部控制评价（占内部控制评价权重的 5%）。

（8）企业安全生产内部控制评价（占内部控制评价权重的 5%）。

（9）企业环境保护内部控制评价（占内部控制评价权重的 5%）。

（10）企业并购内部控制评价（占内部控制评价权重的 5%）。

（四）风险管理信息交流与反馈评价系统

风险管理信息交流与反馈评价系统占评价总权重的 5%。评价的主要内容包括：是否建立了适用的、覆盖企业全部业务和事项的信息系统；决策层、管理层是否能够掌握充分、综合、可靠、连续的财务、经营以及影响决策的其他内外部信息；是否建立了内部上下之间、内外部横向之间信息交流机制和渠道；信息是否能够及时、安全、准确、可靠地传递、存储和使用等。

（五）风险管理监督与改进评价系统

风险管理监督与改进评价系统占评价总权重的 10%。评价的主要内容包括：业务部门、风险管理部门、审计部门、纪检监察部门等是否对风险管理和内部控制规章制度、业务流程的建设和执行情况进行连续的监管；监管活动是否合规；是否建立了监管结果直接向管理层、决策层和股东或股东大会报告的机制；监管中发现的风险管理和内部控制缺陷是否及时报告并得到有效纠正。包括四个评价子系统。

（1）审计监督评价（占风险管理监督与改进评价权重的 15%）。

（2）纪检监察监督评价（占风险管理监督与改进评价权重的 15%）。

（3）自律监管评价（占风险管理监督与改进评价权重的 40%）。

（4）问题整改评价（占风险管理监督与改进评价权重的 30%）。

（六）案件和责任事故评价系统

案件和责任事故评价系统占评价总权重的 10%。评价的主要内容包括：企业是否发生了重大的风险或内部控制失误事件；如果没有发生重大的风险或内部控制失误事件则记零分；如果发生了重大的风险或内部控制失误事件，但损失和影响较小且及时采取了补救措施，则适当扣分；如果企业发生了重大的风险或内部控制失误事件，本评价指标要全部扣分，但最高扣 10%。

参考文献

[1] 杨靖.构建企业内控体系与完善企业风险管理研究 [J].中国市场,2022(23):94-96.

[2] 石琦.中小企业风险管理探究 [J].中国市场,2022(23):106-108.

[3] 王守垠.企业财务风险识别与管控探讨 [J].财会学习,2022(23):35-37.

[4] 高海军,刘剑.企业管理风险度量与可视化 [J].企业管理,2022(08):112-116.

[5] 卫改娟.试析风险管理下的文化传媒企业内部控制体系建设 [J].质量与市场,2022(15):70-72.

[6] 张灿萍.企业内部控制与风险管理分析 [J].现代商业,2022(22):83-85.

[7] 吴丽娜.风险管理视角下的企业内部控制探析 [J].财富时代,2022(07):51-54.

[8] 张艺婵.电子商务环境下苏宁易购财务风险管理研究 [D].西安:西安科技大学,2018.

[9] 田梅芳.企业内部控制存在问题及优化提升企业竞争力 [J].现代企业,2022(08):41-43.

[10] 孙丽.企业财务风险研究及防范对策——以江苏澄星磷化工股份有限公司为例 [J].科技经济市场,2022(06):107-109.

[11] 王艺凝.企业内部控制与研发创新研究 [J].上海商业,2022(06):224-226.

[12] 曹海,梁运吉,沈雨曦.企业内部控制中存在的问题及对企业绩效的影响 [J].对外经贸,2022(05):104-107.

[13] 沈烈,何璐伶.内部控制对企业风险管理的影响:述评与展望 [J].财会通讯,2022(08):17-23.

[14] 王立璇.基于企业财务风险的财务管理优化措施 [J].今日财富,2022(07):

100-102.

[15] 甄玉敏.企业市场营销中的风险管理研究 [J].商场现代化,2022（06）：66-68.

[16] 刘思凯.新时代中小企业财务风险管理研究 [J].市场周刊,2022,35（03）：75-78.

[17] 刘亚静.大数据背景下企业内部控制与风险管理研究 [J].会计师,2022（04）：81-83.

[18] 吉梦璐.制造企业内部控制与财务风险管理研究 [J].中国乡镇企业会计,2021（12）：129-130.

[19] 王政力.企业内部控制在财务风险管理中的应用 [J].商业文化,2021（26）：58-59.

[20] 李素芹.内部控制视角下中小企业财务风险管理研究 [J].企业科技与发展,2021（07）：167-168+171.

[21] 谭海英.企业内部控制问题与对策研究——以 A 企业为例 [J].中国集体经济,2021（21）：39-40.

[22] 赵海文.全面风险管理下对俄贸易企业风险管理研究 [J].北方经贸,2021（01）：25-27.

[23] 孙畅,杨超,刘柯蒙.企业内部控制与风险管理研究 [J].经济研究导刊,2020（17）：9-10.

[24] 高坚.C 公司在哈萨克斯坦的经营风险管理研究 [D].北京：中国地质大学,2019.

[25] 马莎莎.企业风险管理研究——以 YG 财产保险公司为例 [J].农家参谋,2019（08）：198+201.

[26] 唐艺竭.XD 集团财务风险管理研究 [D].长沙：湖南师范大学,2018.

[27] 高磊.企业风险管理研究现状及发展趋势 [J].财经界,2018（29）：53.

[28] 范玉莹.综述企业风险管理研究现状及发展趋势 [J].农村经济与科技,2018,29（18）：114+116.

[29] 刘雪梅.现代企业中的财务风险管理研究初探 [J].现代营销（创富信息版）,2018（08）：26-27.

[30] 文婧之.建筑企业融资及风险管理研究 [D].北京：对外经济贸易大学,2018.